나를 넘어서는 나

더불어 살아가는 인성부활
교육 프로젝트

나를 넘어서는 나

초판 1쇄 인쇄 2015년 11월 10일
초판 1쇄 발행 2015년 11월 15일

지은이 김영안, 길훈배
펴낸이 전익균

기 획 새빛커뮤니케이션, 조양제
마케팅 권태형, 정우진
교 정 허 강
디자인 김 정
삽 화 양원근
행사 및 매니지먼트 새빛에듀넷
유 통 새빛북스

펴낸곳 도서출판 새빛
주 소 서울시 송파구 가락로 102
전 화 (02) 2203-1996   **팩스** (02) 417-2622
이메일 svedu@daum.net   **홈페이지** www.bookclass.co.kr
등록번호 제215-92-61832호 **등록일자** 2010. 7. 12

값 14,000원
ISBN 978-89-92454-16-2(03190)
* 잘못 만들어진 책은 구입하신 곳에서 바꾸어 드립니다.

이 도서의 국립중앙도서관 출판시도서목록(CIP)은 서지정보유통지원시스템 홈페이지
(http://seoji.nl.go.kr)와 국가자료공동목록시스템(http://www.nl.go.kr/kolisnet)에서 이용하
실 수 있습니다. (CIP제어번호: CIP2015026194)

나를 넘어서는 나

더불어 살아가는 인성부활
교육 프로젝트

김영안, 길훈배 지음

도서출판 새빛
AEVIT

문용린 | 전 교육부장관, 전 서울시 교육감

이 책에는 간절한 염원이 가득 배어 있습니다. 배려와 나눔으로 더불어 사는 행복한 사회를 인성 교육을 통해서 이루어 내야 한다는 염원이 바로 그것입니다. 저자들은 경영 현장인 대기업과 그리고 대학에서 인재 활용의 현안 문제를 가지고 노심초사해온 전문가들입니다.

저자들은 교육현장에서 고민하게 된 문제의식은 바로 인성 교육의 문제였습니다. 즉 '인성의 문제를 해결하지 않고서는 한국의 미래는 어둡다'는 것이었습니다.

이 책의 첫머리에서 인성 교육이 얼마나 어려운 것인지를 언급하며, 프랑스 철학자 몽테뉴의 말을 이렇게 인용합니다.

"인간만큼 공허하고 각양각색이며 변화무쌍한 것은 없다. 따라서 이런 토대 위에 확실하고 굳건한 도덕적 사상을 가지게 만드는 것은 무척 어렵다."

인성과 도덕 교육만큼 어려운 것이 또 있을까요. 국어와 영어와 수학 등의 학습은 외우고 연습하고 체험하면 됩니다. 단지 노력하기가 어려울 따름이고 학생 간에 노력에 따른 개인차가 있을 뿐입니다. 그런데 도덕과 인성 교육은 다릅니다. 정직과 배려와 성실과 준법 등의 중요한 도덕적 인성적 특성은 외우고 연습하고 체험하는 것만으로 보장되는 학습 결과가 아닙니다. 인성과 도덕의 학습은 뭔가 독특한 특성이 필요합니다.

저자들은 재미난 우화를 소개하면서 인성과 도덕 교육의 특수한 측면을 지적합니다.

"원래 인간은 모두 우수한 인성을 갖추고 있었다. 그런데 신이 벌을 주어 그 우수한 인성을 압수해갔다. 압수한 인성을 어느 곳에 감추든 인간들은 영리해서 곧 찾아낼 것이므로 산과 바다 어디에도 감출 수가 없었다. 그래서 궁리 끝에 그들이 가장 찾기 어려워하는 곳, 즉 그들의 마음속에 감추기로 했다."

이렇듯 도덕과 인성을 갖추는 일은 영어나 수학을 배우는 것과는 다릅니다. 밖에 있는 지식을 내 머릿속으로 옮겨 오는 것과는 아주 다르다는 것입니다. 자기 자신 속의 선한 의지나 품성을 끌어 올리거나 내면 깊은 곳에서 솟아오르는 분노나 증오와 섭섭함을 승화시키고 여과시키는 자기 제어의 노하우를 배워야 하는 것입니다.

이렇게 인성 교육의 어려움과 특성을 전제로 하면서 저자들은 아주 독특하게 이 책을 구성하고 전개해 나가고 있습니다. 도덕과 인성의 큰 영역을 '나와 우리와 사회'의 세 영역으로 나누고 15개의 덕목과 가치들을 그 속에 배열하고 있습니다. 저자들은 덕목들을 소개하면서 재미나고 의미가 있는 도덕적 예화와 에피소드를 많이 소개하고 있는데 이 책의 보석 같은 존재들입니다.

　그 예화만으로도 도덕적 감동이 물결처럼 스며들기도 합니다. 덕목과 가치로 감동과 논리적 설득을 시도한 뒤엔 꼭 구체적인 인성교육의 방법이 뒤따릅니다. 우선은 덕목마다 '매직 워드'magic words가 제시되고 일상 속에서 습관들이고자 노력해야 할 과제들이 아주 구체적으로 제시됩니다. 전체로 보면 하나의 워크북 같습니다. 잘 짜여진 교안 같고 프로그램 같기도 합니다.

　도덕과 인성 교육에 대한 목소리가 우리나라에서 특히 높습니다. 가장 중요한 것은 무엇인가 효과가 있는 구체적인 교육 활동을 전개하는 것입니다. 도덕과 인성 교육이 엉망이라고 지적하는 것보다 그리고 필요하다고 외치는 것보다 지난 60년 동안 우리가 주로 해온게 비판과 필요성 논의였습니다. 이제는 무엇인가 손에 잡히는 구체적인 일을 펼칠 때입니다. 물론 도덕과 인성 교육은 정책과 제도 개선으로도 해야 하지만 가정과 직장과 사회의 도덕과 인성 교육에 대한 관심과 참여도 중요합니다.

　김영안 교수의 신선한 이 책이 어린이와 청소년들에게는 물론 선생님들 및 학부모들에게도 좋은 인성 교육 자료가 되고, 직장인들과 사회 일반인들에게는 자신들 속에 묻혀 있는 도덕적 인성적 자산을 일깨우고 발휘하는 좋은 계기가 되길 바라면서 일독을 권합니다.

안양옥 | 한국교원단체총연합회 회장, 인성교육범국민실천연합 상임대표

저는 '일심一心'과 '일체一體'라는 말을 좋아합니다.

마음과 몸이 하나가 된다는 '일심동체一心同體'가 바로 우리 사회의 인성 교육이 지향할 경지가 아닌가 싶습니다. 부부가 일심동체가 되어 자녀를 사랑하고 키우는 것처럼 학교와 가정과 사회 전체가 한마음 한 뜻으로 미래 세대를 키운다면 우리 사회 전체는 평화롭고 따뜻해질 것입니다.

부모가 자녀를 키우는 마음으로 학교에서는 선생님들이 제자를 가르치고 직장에서는 선배가 후배의 역량을 발견한다면, 한 사람 한 사람의 잠재력이 최대한으로 발현되고 사회 발전과 미래 희망은 저절로 만들어질 것입니다.

최근 인성교육진흥법 시행으로 인성에 대한 사회적 관심이 더욱 촉발되고 있습니다. 교총은 160여 개 교육·시민·사회단체와 함께 인성교육범국민실천연합인실련을 결성해서 2012년부터 인성이 실력이자 대한민국 교육의 미래를 좌우라는 핵심 가치라는 신념으로 인성 교육 전국민실천운동에 진력해왔습니다. 인성교육진흥법의 제정

은 인성 교육을 법으로 의무화할 만큼 우리 교육이 큰 위기라는 반성도 함께하게 했습니다. 이제 인성 교육에 대한 법적 기반이 갖추어진 것을 계기로 우리 교육이 다시 한 번 도약할 수 있는 좋은 기회가 마련되었으면 합니다.

가정교육과 인성 교육은 모두 대화에서부터 시작되는 것이라고 생각합니다. 어린 세대들과 대화가 잘 안 풀릴 때 이 책 『나를 넘어서는 나』는 무궁무진한 대화거리를 던져줄 것입니다. 어느 한 페이지를 펼쳐도 재미있는 스토리가 담겨 있습니다. 자녀와 함께 읽으면서 대화를 나눌 수 있는 소재로 활용해도 손색이 없을 것 같습니다. 굳이 삶의 의미와 가치에 대해 질문을 던지지 않아도 스스로 생각하는 시간을 갖게 해줄 것입니다.

젊은이들과 허심탄회하게 이야기를 나누는 것은 큰 기쁨입니다. 혹시 어른의 잔소리처럼 들릴까 봐 청소년들과 대화를 자제하고 있다면 여기 담겨 있는 선인들의 지혜를 빌리는 것도 한 방법이 될 수 있을 것입니다. 자녀와 대화하고 싶은 부모님 그리고 매일 신선한 화두 하나씩 학급에 전하고 싶은 선생님들께서는 하루에 하나씩 함께 읽어도 좋은 책이 될 것입니다.

대화에서 시작하는 인성 교육이 학교와 가정과 사회에서 한 마음 한 뜻으로 펼쳐 나가는 전국민실천운동으로 더욱 생기 있게 펼쳐지도록 저도 더 많이 노력하겠습니다. 교사와 학부모가 함께 자녀에 대한 인성 교육에 힘쓰는 '학사모일체學師母一體 운동'이 교육 현장과 일상생활에 뿌리내릴 때까지 다상량多商量을 즐기시는 많은 분들의 동참을 부탁드립니다. 감사합니다.

왜 인성人性인가?

교육은 사회를 개혁하기 위한 수단이다. 교육의 목적은 인간성의 조화적 발달에 있다 - 페스탈로치

인간을 널리 이롭게 한다는 뜻의 '홍익인간弘益人間'은 우리나라의 건국이념인 동시에 교육 이념으로서 『삼국유사』의 단군신화에 나오는 말이다. 또한 '홍익인간' 이념은 우리나라 정치 · 경제 · 사회 · 문화의 최고 이념으로서 우리의 윤리 의식과 사상적 전통의 바탕을 이루고 있다.

1949년 12월 31일 법률 제86호로 제정 및 공포된 <교육법> 제1조는 우리나라 교육의 근본이념을 "교육은 홍익인간의 이념 아래 모든 국민으로 하여금 인격을 완성하고, 자주적 생활능력과 공민으로서의 자질을 구유하게 하여, 민주국가 발전에 봉사하며 인류공영의

이상 실현에 기여하게 함을 목적으로 한다."라고 천명하였다.

그런데 우리나라의 교육 실정은 그렇지 못하다. 학교 폭력이 심각해진 오늘날 인성 교육의 중요성이 갈수록 높아만 가고 있기 때문이다. 최근 한국교육개발원은 '학생의 인성 교육 강화가 시급하다.'라는 조사 결과를 발표하였다. 또한 2012년 교육 여론 조사에서는 인성 교육의 약화가 35.8%로 1위를 차지했다. 또한 학생들의 도덕성 수준은 초등학교가 45.6%, 중학교가 39.5%, 고등학교가 27.3%로서 고학년이 될수록 현저하게 떨어지는 것으로 나타났다. 인성 교육의 중요성은 어제오늘의 일이 아니다. 하지만 최근에 벌어지는 학교 폭력, 왕따, 총기 사고, 묻지마 폭력 등 때문에 그 중요성이 더욱 강조되고 있는 실정이다.

인성人性이란 무엇인가?

인성이란 사람의 성품을 말한다. 인성의 사전적 의미는 '사람의 성품' '각 개인이 가지는 사고와 태도 및 행동 특성'이다. 바꿔 말하면 정직, 책임, 존중, 배려, 소통, 자율, 협동, 정의, 공평, 신뢰 등 다양한 덕목을 가리키는 인성은 특정한 개인이 생각하고 느끼고 행동하는 것이다. 다시 말해서 인성은 자신의 내면을 바르고 건전하게 가꾸며 타인과 공동체와 자연과 더불어 살아가는 데 필요한 인간다운 성품과 역량인 것이다.

스티븐 코비는 『성공하는 사람들의 7가지 습관』에서 성공적인 삶의 열쇠를 '성품 윤리Character Ethics'와 '성격 윤리Personal Ethics'라는 개념으로 나누어 설명했다. 코비는 그중 성품 윤리를 '인성'에 관한 것으로 파악하면서 성공적인 삶과 대인 관계의 기본적인 원칙, 언행일치, 겸손, 충성, 용기, 정의, 인내, 근면 등을 자신의 성품에 결합시키는 것이라고 정의했다.

또한 심리학자 토머스 리코나는 인성을 구성하는 요소를 도덕적인 것moral character과 실천적인 것performance character으로 구분하였다. 그에 따르면 도덕적인 인성은 돌봄, 정직, 공평, 책임감, 자신과 타인에 대한 존중 등 6가지가 핵심 요소이며, 실천적 인성은 근면, 최선의 노력, 인내, 비판적 사고, 긍정적 태도 등 5가지가 핵심 요소이다.

그렇다면 인성 교육이란 무엇을 말하는 것인가?

인성 교육이란 지知와 정情과 의意를 조화롭게 발달시키는 교육이자 개인적인 자아실현을 위한 가치 교육이며 사회생활을 하면서 더불어 살아가기 위한 도덕 교육을 가리킨다. 도덕은 옳고 그름, 좋고 나쁨, 의무와 책임, 의도와 결과 같은 본질적인 문제를 다룬다. 이러한 것들이 우리의 행동과 관계되어 현실의 삶에 적용되는 것이다.

인성 교육의 비전은 소통과 존중으로 꿈과 끼를 키우는 행복한 사회를 만드는 것이며 그 목표는 배려와 나눔으로 더불어 사는 행복한 사회를 만드는 것이다. 따라서 이를 실천하기 위한 핵심 가치와 덕목이 무엇보다 필요하다. 바로 이것들이 인성 교육의 목표로서 예禮, 효孝, 정직, 책임, 존중, 배려, 소통, 협력 등 마음가짐이나 사람됨과 관련된다. 그리고 핵심 역량이란 핵심 가치, 덕목을 적극적이고 능동적으로 실천 또는 실행하는 데 필요한 지식과 공감 그리고 소통하는 의사소통 능력이나 갈등 해결 능력 등이 통합된 능력을 가리킨다.

칸트는 '인간은 교육을 통하지 않고는 인간이 될 수 없는 유일한 존재이다.'라고 정의했다. 교육은 인간다운 인간으로 만드는 것이 그 본질이며 지식을 양식으로 창조성과 주체성을 무한히 발휘할 수 있는 인간으로 육성하는 작업이다. 배우는 즐거움과 성장하는 기쁨을 경험하게 하는 것이야말로 교육에서 가장 중요한 것이다.

자기 스스로 삶의 가치를 안다면 누구나 더불어 살아가는 기쁨을 자연스럽게 느끼게 된다. 자존감도 높아지고 정서가 안정되어야 긍정적인 생각으로 사회생활을 할 것이고 사회가 안정이 되어야 불신과 갈등의 충돌은 줄어들게 된다. 선악의 분별 능력이 되는 도덕성이 살아날 수 있는 동기를 부여하고 참다운 인간으로 길러내는 교육의 본질을 찾기 위해서 필요한 것이 바로 인성 교육이다. 이처럼 인성 교육이 절실한 시점에서 우리는 천재 과학자 아인슈타인의 말을 다시 한 번 되새길 필요가 있다.

"인간이 기울이는 노력 가운데 가장 중요한 것은 우리 행동에 도덕성을 갖고 그것을 지키려는 것이다. 우리 내면의 균형과 우리 존재 자체는 이것에 의지한다. 우리 행동에 담긴 도덕성은 삶에 아름다움과 품위를 가져다준다. 이것을 살아가는 힘으로 삼고 이것으로 의식을 명료하게 가꾸는 것이 어쩌면 교육의 첫 번째 과제일지 모른다."

Who

나는 누구인가?

01
생각하는 자아自我 - 나

나는 생각한다. 고로 존재한다(cogito ergo sum) – 데카르트

신神들의 회의

옛 전설에 의하면 인간은 모두 한때 신神이었다고 한다. 그런데 어쩌다가 인간들은 힘을 남용하는 실수를 저질렀다. 그 죄의 대가로 우두머리 신은 인간의 신성神性을 거두기로 했다. 우두머리 신은 다른 신들과 모여서 인간의 신성을 어디에 숨길 것인가를 궁리했다. 이 때 어느 신이 땅 속에 신성을 묻어 두자고 제안했다.

"안 됩니다. 인간은 땅을 파고 들어가서 결국 찾아낼 것입니다."

우두머리 신이 반대 의견을 냈다.

이에 신성을 바다 속에 가라앉히자고 제안하는 신이 있었다.

"그것도 안 됩니다. 인간은 바다 밑으로 잠수하는 법을 배워 찾아낼 것입니다."

우두머리 신이 이번에도 반대했다.

그러자 다른 신이 나서서 신성을 높은 산꼭대기에 올려놓자고 제안했다.

"그건 더욱 안 됩니다. 인간은 지구상에 어떤 높은 산이라도 올라가 찾아내고 말 것입니다."

우두머리 신이 이번에도 반대했다.

이에 다른 신들은 모두 망연자실하고 말았다. 인간의 손이 미치지 않는 곳에 신성을 숨기기란 불가능할 것만 같았다.

"잠깐!"

자리에 모인 신들이 골머리를 앓고 있을 때 우두머리 신이 미소를 지으며 말했다.

"좋은 생각이 있습니다. 인간의 신성을 그들 안에 깊숙이 숨겨 두는 것입니다."

"어디에요?"

신들은 우두머리 신의 말이 무슨 뜻인지 처음에는 잘 몰랐다.

"설마 자기 안에 신성이 있으리라고는 생각하지 못할 것입니다."

이처럼 신들은 그 비밀의 힘이 자기 마음속에 있다는 것을 알 수 있는 사람에게만 이 비밀을 얻을 수 있는 자격을 주기로 한 것이다. 그 결과 모든 신들이 동의한 끝에 마법을 통해 그 비밀을 사람들의 머리에 숨겨 두었던 것이다.

그 후로 인간은 이미 자기 자신 안에 가지고 있는 것을 찾기 위해 땅을 파고 바다로 뛰어 들고 높은 산을 오르면서 숱한 세월을 보내게 되었다. 신이 인간의 머릿속에 신성을 비밀스럽게 숨겨둔 줄도 모르고 말이다.

여기에서 말하는 인간의 신성이 바로 인성人性이다. 이 우화가 오늘날의 우리에게 던지는 의미는 인성이 바로 우리 자신 안에 있다는 것이다. 이처럼 인성은 내 안에 감추어진 특별한 성품이다.

| 신들의 회의 |

대부분 사람의 인생은 비슷하다. 10세에는 사랑에 휘둘리고 20세에는 이성에 30세에는 쾌락에 40세에는 야망에 50세에는 탐욕에 휘둘린다. 그리고 그 후에야 비로소 지혜를 추구한다. 이와 관련하여 아랍에는 다음과 같은 격언이 있다.

인간은 스무 살 때는 공작새 같고 서른 살에는 사자가 되며 마흔 살에는 낙타로 살고 쉰 살에는 뱀의 지혜를 갖게 된다. 또한 예순 살에는 개에 해당되는 과정을 거치며 일흔 살에는 원숭이가 되고 여든 살에는 무로 돌아간다.

"인간만큼 공허하고 각양각색이며 변화무쌍한 것은 없다. 이런 토대 위에 확실하고 불변한 사상을 가진다는 것은 무척 어렵다."

프랑스의 철학자 몽테뉴1533~1592가 한 말이다.

삶이란 자기 자신에게 씌워진 거짓된 겉모습을 벗겨내고 진정한 자아를 되찾는 힘든 여정이다. 또한 나만의 개성화란 한 인간이 명확하면서도 유일무이한 진정한 자아를 찾아가는 과정이다.

타인과 상대적인 '나'라는 주체는 애매한 존재이다.

우리는 시각과 청각과 후각 등의 감각기관과 사고체계를 갖고 있으며 6척에 달하는 물리적 신체를 지닌 존재이다. 그와 동시에 비물리적이고 아득하게 넓은 시공간의 유동적 본질과 침투적 본질을 지닌 존재이기도 하다. 이렇게 '만물이 나로 인하여 존재하거나' 또는 '만물이 나와 함께 존재하는' 합일合—의 느낌이 '나'를 사방으로 도망쳐 다니는 무형의 원형질처럼 쉽게 경계를 짓지 못하게 하고 있다.

따라서 '나'라는 존재는 시간이 흐름에 따라 달라지고 변화한다. 그 흐름에 따라 변화하는 나의 '쓸모'를 발견할 줄 아는 것이 바로 성장을 의미한다. 운명은 인간적 노력으로 바꿀 수 있다. 하지만 숙명은 인간적 노력으로 바꿀 수 없다. 운명은 인간의 소관이지만 숙명은 하늘의 소관이기 때문이다.

그 사람의 운명을 결정짓는 '인생관'은 인생의 기준이 되는 틀을 가리키며 자기 자신과 타인과 세상에 대한 태도 그리고 추측과 기대 등을 의미한다. 인생이란 즐기는 것이 아니라 극복하고 뛰어넘어야 할 거대한 장벽과도 같은 것이다.

기회에 관심을 두면 기회를 찾게 될 것이며 장애물에 관심을 두면 온갖 장애물에 휩싸일 것이다. 이 세상에 어느 누구도 완벽한 사람은 없다. 오직 자신의 부족함을 잘 아는 사람과 잘 모르는 사람만이

있을 뿐이다. 행복과 불행, 만족과 불만족, 성공과 실패, 기쁨과 속
상함 등은 모두 자신이 어떻게 받아들이느냐에 달려 있다. 많은 사
람들은 혼란 속에서 살아간다.

"왜 나만 힘들지?"

"왜 나만 외롭지?"

"왜 나만 다르지?"

본인과 타인들을 비교한다면 자기의 정체성을 잃고 방황하게 될
것이다.

그 결과 저마다 혼란한 시대를 살아가는 우리는 감정의 소용돌이
에서 벗어나지 못하고 그것에 휘둘리게 된다. 집착하고 소유하고 싶
고 주체할 수 없을 만큼 욕망에 사로잡혀 감정을 통제하지 못하는
것이다. 나를 내던지고 싶을 때 이성에서 벗어나 감성에 빠지기 쉽
게 되는 것이다.

나의 감성이 나를 지배할 때에 우리는 스스로에게 물어야 한다.

나는 누구인가?

자신에게 물어보라.

자신의 민낯이 드러날 때까지 묻고 또 물어야 한다. 건성으로 묻
지 말고 목소리 속의 목소리로 귓속의 귀에 대고 간절히 물어야 한
다. 그 물음 속에 해답이 있기 때문이다.

우리는 언제나 혼자다. 당연히 혼자다. 하지만 이 당연한 진리를
받아들이기란 쉽지 않다. 또한 나는 당연히 혼자인데 그걸 인정해버

리면 왠지 슬퍼지기도 한다. 존재로부터 혼자일 수밖에 없고 고독할 수밖에 없는 운명을 가지고 태어난 생명. '혼자'를 뜻하는 영어 단어인 'alone'은 원래 'all one' 즉 '완전한 하나'를 의미한다. 완전한 하나로 존재하는 것. 그래서 혼자일 수밖에 없는 인간은 존재 그 자체로 고독하고 쓸쓸하다.

성장이란 더 넓은 세상에 홀로 놓인다는 뜻이며 부딪힐 게 더 많아진다는 뜻이다. 그 결과 점점 더 외로워지는 것이다. 모든 인생은 혼자 떠나는 여행이다. 혼자 떠날 수 있어야만 외로움과 쓸쓸함을 당당하게 견디어 나갈 수 있는 것이다.

하지만 한 사람이 하나의 모습만 가지고 있는 것은 아니다. 어떤 모습이 언제 누구에게 보였는가에 따라 사람은 각기 다른 모습으로 비친다. 같은 사물이나 같은 사람을 어떤 시각으로 바라보느냐에 따라 아주 많은 것이 바뀌는 것이다.

중요한 것은 다른 사람들이 나를 어떻게 생각하는가가 아니라 내가 나를 어떻게 보는가이다. 명성보다는 자신의 인격에 관심을 두어야 한다. 인격이야말로 진정으로 내가 누구인지 말해주는 것이며 명성은 나에 대한 다른 사람의 생각일 뿐이다.

사람의 가치를 직접 드러내는 것은 재산도 아니며 지위도 아니다. 바로 인격이다.

많은 사람들은 성공을 꿈꾼다. 그런데 모두가 성공의 길로만 달리는 것은 아니다. 성공은 반복되는 실패와 자기반성을 통해서만 이루어진다. 그런데 대부분의 사람들은 적당한 때와 장소를 기다리다 너무 많은 시간을 허비하고 만다. 게다가 거기서 그치는 것이 아니라 기다리는 도중에 소망하던 마음 자체가 사라져버리기도 한다. 때가 무르익거나 조건이 갖추어지면 한다고 미루다 보면 어느새 현실에 파묻혀 소망을 잃게 되고 만다. 그러므로 무언가 되기 위해서는 반드시 지금 이 순간에 무언가를 해야 하는 것이다.

위험을 무릅쓴 시도와 실패와 실수를 바로잡는 과정이 인생의 최대 교훈이다. 청춘 시절에는 누구나 방황할 수 있다. 방황하지 않는 청춘은 없다. 문제는 언제까지 방황하는가이다. 청춘의 방황이 너무 길어 청춘이 다 지나가버리면 그것이 바로 문제다. 따라서 청춘의 방황은 짧고 깊게 하는 것이 중요하다.

방황의 시간의 양이 많다고 해서 준비와 고뇌의 양이 반드시 많아지는 것은 아니다. 방황은 어느 정도 오래 많이 했느냐가 중요한 게 아니다. 무엇을 위해 어떻게 방황했는가가 더 중요하다. 그런데 요즘 젊은 세대들을 보면 '앞으로 무엇을 해야 할 것인가 무엇이 되고 싶은가' 하는 생각만 할 뿐 행동하지 않는 경우가 있다.

인생은 90%의 생각과 10%의 행동으로 이루어진다. 우리 삶의 90%를 이끄는 것은 오직 10%의 행동이다. 세상을 사는 동안 기회는 언제나 있다. 시도하지 않으면 아무것도 할 수 없다. 준비된 자만이 선택의 자유를 누릴 수 있는 것이다.

희생이 없으면 성공도 없다. 만약 우리가 희생하지 않고도 성공한다면 그건 우리보다 앞서 희생한 사람이 있기 때문이다. 만약 우리가 희생하고도 성공을 누리지 못한다면 뒤에 오는 사람이 우리의 희생에서 성공을 거둬들일 것이다.

성공과 성장은 강한 것을 더욱 강하게 만들었을 때 이루어진다. 자신이 잘하는 것에 모든 힘을 집중하는 것이 성공하는 사람들의 특징이다. 삶은 투쟁이 아니므로 마음 가는 대로 살며 삶을 즐겨야 한다. 돈을 좇으며 살거나 인기를 좇으며 살 때 삶은 투쟁이 된다.

하지만 지금 이 순간을 즐기며 흥미진진하게 살아가면 참다운 삶을 누릴 수 있다. 하기 싫은 일을 하는 것보다 진정 하고 싶은 것을 하는 것이 최고의 삶인 것이다. 삶의 지혜란 굳이 내가 무언가를 많이 해서 쟁취하는 것이 아니다. 오히려 편안한 멈춤 속에서 자연스럽게 드러나는 것들을 그냥 조용히 알아채기만 하면 되는 것이다. 우리는 무엇을 해야 한다는 강박관념 때문에 지금 이 순간을 오롯이 즐기거나 누리지 못하는 실수를 해서는 안 된다.

우리가 산다는 것은 호흡하는 것이 아니다. 산다는 것은 행동하는 것이다. 누구나 살아가는 순간순간에 선택의 기로에 서기 마련이다. 바꿔 말하면 살아간다는 것은 스스로 균형을 잡아가는 것이다. 우리는 가지고 태어난 것과 살면서 얻는 것, 현실과 꿈, 사실과 허구, 지금과 미래가 실처럼 얽힌 양극단 사이의 어느 점을 선택하며 살고 있는 것이다.

인생을 큰 어려움 없이 살아가기 위해서는 다음의 두 가지를 할 수 있으면 도움을 얻을 수 있다. 하나는 미래를 예측하는 것이요 다른 하나는 관대한 마음을 갖는 것이다.

섬세한 감각으로 미래를 예측할 수 있다면 막대한 손실을 막을 수 있고 관대한 마음을 갖추면 어떤 다툼이라도 면할 수 있기 때문이다. 인생은 정해진 멜로디가 없는 즉흥 재즈 음악과도 같다. 삶 속의 모든 변수를 내가 조정할 수 없고 그때그때 주어진 상황 속에서 나의 스타일을 찾아내서 음악을 만들며 살아가야 하는 것이다.

삶 자체가 여행이요 그 여행을 통해서 생각도 함께 언제나 새롭게 시작한다. 결정된 것은 아무것도 없으며 언제나 색다른 시작이 우리를 기다린다. 동서고금을 통해 수많은 성공한 리더들은 다른 사람보다 열 배 스무 배 바쁜 삶을 산 자들이다. 행동지향적인 그들은 책임져야 할 일이 많기 때문에 잠깐 멈춰 생각할 틈을 내지 못하는 경우가 많다. 그래서 잠깐 멈춰 생각하는 시간은 리더에게 무엇보다 중요하다. 1분 동안 생각하는 것이 1시간 동안 말하는 것보다 훨씬 더 가치가 있을 수 있기 때문이다.

우리가 살아가는 하루하루는 전체 인생의 작은 축소판과 같다. 매일 잠자리에서 일어나는 것은 작은 탄생이요 매일 맞이하는 싱그러운 오전 한때는 작은 청춘이요 매일 밤 잠자리에 드는 것은 작은 죽음이다. 하루 5분 동안은 그날의 일과를 되돌아보라. 하루 10분 동안은 다음날의 계획을 세우라. 하루 15분 동안은 마음속의 꿈을 재확인하라.

꿈을 실현하려면 먼저 계획을 세워야 한다. 그저 꿈을 가지고 계획만 세우는 것이 아니라 실현시켜야 한다. 그러기 위해서는 꿈에 구체적인 날짜를 적어야만 한다. 그래야 오늘의 행동이 바뀐다. 산다는 것은 순간이다. 행복과 불행도 순간이고 선한 생각과 악한 생각도 순간에서 일어난다. 또한 순간을 놓치지 않아야 한다. 순간순간 자신답게 자기 삶의 주인이 되어야 한다. 행복한 사람은 스스로를 운명에 끌려 다니는 희생자가 아니라 스스로를 삶의 주인이라고 믿는 사람이다. 또한 삶의 주인이 되는 기술과 지식을 가지고 있다고 믿는 사람이다.

주인처럼 의지력을 휘두르고 종처럼 양심을 섬겨라. 행복의 궁극은 보람된 일의 성취에 있고, 누구에게나 행복은 자아실현이라는 실천에 있다. 내가 삶의 길에서 무엇을 택했든 그것은 나의 선택이고 나의 창조이므로 곧 나의 책임이다. 진정한 창조자는 자신의 선택을 후회하지 않는다. 자아실현을 위해서는 무엇보다 다음과 같은 행동을 실천에 옮겨야 한다.

첫째, 일찍부터 인생의 주도권을 잡고 목표를 설정한다.

둘째, 건강을 더 돌본다.

셋째, 돈 관리를 더 철저하게 한다.

넷째, 가족과 더 많은 시간을 보낸다.

다섯째, 자기계발에 더 많은 시간을 할애한다.

여섯째, 재미있는 삶을 추구한다.

일곱째, 경력 관리에 집중한다.

여덟째, 많이 벌어 많이 베푼다.

만족할 줄 모르는 욕심과 쓸데없는 집착은 우리를 고통과 불행으로 이끈다. 남에게 뒤처지지 않는 데 소중한 시간을 다 써버리지 마라. 뭐든 지나치면 원치 않는 일이 벌어지듯 좋은 욕심도 지나치면 모자람만 못하다.

생각은 크게 하고 실천은 작은 것부터 하라. 왜냐하면 작은 생활의 변화에서 큰일을 해낼 수 있는 것은 인연이 만들어지기 때문이다. 인간이 강하거나 약하거나 또는 성공하거나 실패하거나 아니면 조화롭거나 조화롭지 못한 것은 그 사람의 의식에 달려 있다.

성공과 행복은 우리의 마음에서 시작되고 부의 재능도 우리 마음이 만들어낸다. 세상은 믿음을 가진 사람에게만 길을 열어준다.

'항상 미래에 뭔가 이루어지면 행복해지겠지.' 하는 막연한 기대감만 품지 않아야 한다. 현재를 즐기고 내일의 행복을 위해 오늘의 행복을 미루지 말아야 하는 것이다. 오늘을 충실하게 살아야 내일이 존재할 수 있는 것이다.

"나는 무엇을 갖고 있는가?"
"나는 무엇을 원하는가?"
"나는 무엇을 버릴 것인가?"

누구라도 일생 동안 마음속에 품고 있을 고민들이다. 모든 문제에는 반드시 문제를 풀 수 있는 열쇠가 있다. 끊임없이 생각하고 찾아내라. 사람의 일생은 무거운 짐을 지고 먼 길을 가는 것과 같다. 서둘지 마라.

부자유를 대수롭지 않게 여기면 부족이 없다. 마음에 욕심이 생기면 곤궁할 때를 생각하라. 참는 것이 별 탈 없이 오래가는 것의 기본이다. 노여움을 적이라고 생각하라. 이기는 것만 알고 지는 것을 모르면 해로움이 그 몸에 미치게 된다. 스스로를 책망하지 타인을 탓하지 마라. 미치지 못한 것은 지나친 것보다 낫다.

대부분의 경우에 타인은 나보다 '앞서' 있다. 내 앞으로 끊임없이

'난관'이 찾아온다. 그런데 나의 목표는 '전진'이다. 분위기는 '긍정적'이다. 나는 종종 '안전지대'를 벗어난다. 나는 '설레는' 마음으로 아침이면 눈을 뜬다. 실패는 나의 '적'이 아니다. 타인들은 '성장'하고 있으며 '변화'를 열망한다. 또한 성장의 '본보기'가 있고 누구나 성장을 '기대'한다.

그래서 성장하는 성인의 삶의 태도는 활기차고 활동적이며 인생을 적극적으로 살며 모든 일에 흥미를 느끼며 유쾌한 삶을 누리려고 한다. 또한 육체적·정신적으로 더 건강한 삶을 즐기고 너그럽고 융통성이 있으며 매력이 넘치며 더 창조적이고 더 활발하고 만족스러운 인간관계를 맺으려고 한다.

그렇게 때문에 설령 보기에 감흥이 없는 것일지라도 아이처럼 환호성을 지르고 즐기고 놀라고 흥분하면서 인생의 소박한 것들에서 의미를 찾아야 한다. 우리의 운명을 건축하는 자는 바로 우리 자신이다. 우리가 운명의 주인인 것이다.

우리가 할 수 있는 것에 한계는 없다.

우리가 가질 수 있는 것에도 한계는 없다.

우리가 될 수 있는 것에도 한계는 없다.

생각하지 않는 사람은 고집불통이요 생각할 수 없는 사람은 바보요 용감하게 행동하지 않는 사람은 오직 노예일 뿐이다.

자신을 설계한 자만이 자신의 삶을 살 수 있다. 그렇지 않은 자는 진정한 자신의 삶을 살 수 없다. 세상 탓만 하지 말고 남을 탓하지도 말며 흔들리는 자기 자신의 마음을 바로잡아야 한다.

우리는 타인의 목적을 위한 도구도 아니며 수단도 아니다. 타인의 도구가 되고 싶지 않다면 자기 자신을 진화시키는 것을 목적으로 삼아야 한다. 자신이 필요로 하는 것은 이미 본인이 가지고 있다.

누구나 인간은 태어날 때 좋은 씨앗을 마음속에 갖고 있다. 그것을 제대로 키우기만 하면 된다. 여기서 깨달아야 할 것은 자신 안에 있는 모든 것이 존재한다는 것을 아는 일이다. 자신이야말로 완전한 자신이기 때문이다.

당신은 가치 있는 사람이고 소중한 사람이다. 본인의 근원을 생각하라.

당신은 야수처럼 살도록 태어나지 않았고 덕과 지식을 추구하도록 태어났다. 당신은 잠재력을 발현해 참모습을 찾을 수 있다. 본인을 믿고 시작하면 된다. 내가 가진 것이 나의 가치를 결정하는 것이 아니라 내가 추구하는 것이 나의 가치를 결정하는 것이다.

한 걸음 한 걸음 앞으로 발을 내디딜 때마다 긍정적인 생각을 할 때마다 현명한 선택을 할 때마다 작은 원칙을 실천할 때마다 참모습에 한 발 더 가까워진다는 것을 기억하라. 믿음을 잃지 말고 꿋꿋이 전진하라. 그러면 오늘이 행복해지고 내일도 행복해질 것이다. 남들이 뭐라 하든 그대로 내버려 두어라. 착하게 사는 것이 어수룩한 삶은 아닌지 지혜롭게 사는 것이 이기적인 삶은 아닌지 항상 생각하라.

자아를 찾아서 자신의 길을 찾아가야 한다. 누구나 위대한 존재가 될 수 있다. 왜냐하면 누구나 남에게 필요한 존재가 될 수 있기 때문이다. 나는 세상을 진보시키고 더 아름답게 만드는 사람이다.

누구나 자신의 인생을 조각하는 조각가이다. 따라서 누구나 자기 인생을 최고로 조각하는 인생의 조각가가 되어야 한다. 스스로 판단하고 결정하는 삶만큼 주체적인 삶은 없다. 내가 가진 것이 나의 가치를 결정하는 것이 아니라 내가 추구하는 것이 나의 가치를 결정하는 것이다.

먼저 자기의 가치를 발견하라. 이것만큼 소중한 것은 없다. 자신의 가치를 발견하지 못한 사람은 스스로를 함부로 대하기 때문이다.

나의 가치는 내 자신이 만드는 것이다You made by yourself.

마음이 어지러울 때 조용히 눈을 감고 어니 J. 젤린스키의 〈나를 사랑하라〉를 읊조려 보라.

당신이 불행하다고 해서 남을 원망하느라
기운과 시간을 허비하지 말라.
어느 누구도 당신 인생의 질에 영향을 끼칠 수 없다.
오직 당신뿐이다.

모든 것을 타인의 행동에 반응하는
자신의 생각과 태도에 달려 있다.
많은 사람들이 실제 자신과 다른,
뭔가 중요한 사람이 되고 싶어 한다.
그런 사람이 되지 마라. 당신은 이미 중요한 사람이다.
당신은 당신이다.

당신의 본연의 모습으로 존재할 때

비로소 당신은 행복해질 수 있다.
당신 본인의 모습에 평안을 느끼지 못한다면
절대 진정한 만족을 얻지 못한다.
자부심이란 다른 누구도 아닌
오직 당신만이 당신 자신에게 줄 수 있는 것.
자기 자신을 사랑한다는 것은 중요한 일이다.

다른 사람이 뭐라고 하든
어떻게 생각하든 개의치 말고
심지어는 어머니가 당신을 사랑하는 것보다도
더 당신 자신을 사랑해야 한다.
삶은 언제나 당신 자신과 연애하듯 살라.

〈자아에 관한 격언〉

1. 자아란 이미 완성된 것이 아니라 끊임없는 행위의 선택을 통해 지속적으로 만들어진다 : 존 듀이

2. 이 세상에서 가장 되기 쉬운 사람은 바로 자기 자신이다. 이 세상에서 가장 되기 힘든 사람은 바로 남들이 바라는 자기 자신이다. 그 누구도 당신을 좌지우지하게 하지 마라 : 레오 부스칼리아

3. 모든 사람은 장단점을 골고루 가지고 태어난다. 어리석은 사람과 지혜로운 사람의 차이는 장점을 키우고 단점을 줄이는 방법을 아는지 여부에 달려 있다 : 발타사르 그라시안

4. 자기 자신에 대해서 알고 있는 사람은 다른 사람에 관해서도 모두 알고 있다 : 오스카 와일드

5. 나는 나 자신을 빼놓고 모두 안다 : 프랑수와 비용

6. 자기 자신을 알기 위해서는 남을 알아야 한다 : 뵈르네

7. 자기라고 생각하는 것은 자기가 아닐 때가 많다. 삶을 돌이켜 보고 생각하고 노력하는 것이 참된 자기 자신이다 : 노먼 필

8. 자기 자신을 이길 수 있는 저력을 가진 사람이 가장 강하다 : 세네카

9. 자기를 이기는 것이 승리 중에서도 최대의 승리이다 : 플라톤

02
나의 핵심 가치는 무엇인가?

1) 제가 했어요- 정직

정직은 최상의 방책이다 – 세르반테스

워싱턴과 체리 나무

조지 워싱턴George Washington, 1732~1799의 아버지는 집 앞 마당에 있는 체리 나무를 정성 들여 키웠다. 그러던 어느 날 아버지가 어린 워싱턴에게 도끼를 선물했다. 워싱턴은 어린 마음에 도끼를 시험해보려고 아버지의 체리 나무를 베어 버렸다. 그토록 아끼는 체리 나무가 베어진 것을 알게 된 아버지는 체리 나무를 누가 이렇게 한 거냐고 화를 냈다.

"제가 했어요."

조지 워싱턴은 거짓말을 하지 않고 정직하게 대답했다. 이에 워싱턴의 아버지는 화를 내지 않고 아들에게 말했다.

나는 오늘 체리 나무 한 그루를 잃었지만 대신 정직한 아들을 얻었구나!"

그리고는 아버지는 아들을 힘껏 안아주었다. 미국의 초대 대통령인 조지 워싱턴이 남긴 일화이다.

| 도끼로 체리 나무를 자르는 어린 워싱턴 |

"인간이란 원래 자기 자신에게도 솔직하지 못한 존재이다. 그래서 어떠한 경우에도 자기 자신을 미화하지 않고는 못 배긴다. 실제의 자기 자신보다 자신이 좀 더 나은 인간이라고 거짓말을 하지 않으면 안 되는 존재가 인간이다. 인간은 이 거짓을 가끔 무덤까지 가지고

간다. 죽어가는 사람도 이 거짓은 포기하지 못하는 것이다."

일본의 유명 영화감독 구로사와 아키라1910~1998가 인간의 거짓말 습성을 꼬집으며 한 말이다.

한편 정직에 대한 이야기가 나오면 공연히 초·중·고등학생들과 국민 일반의 정직성 수준을 높여야 한다는 쪽으로 이야기가 쏠리기 십상이다. 하지만 중요한 정직성은 지도층 집단에 있다. 미국에서는 거짓말 때문에 닉슨 대통령의 자리에서 물러났으며 우리나라에서는 급기야 최고위직이 거짓말 때문에 그 자리에서 물러나기도 했다. 그들이 진실의 편에 서서 거짓에 대하여 용기 있게 정직으로 대항할 수만 있었다면 정직으로 향하는 우리 사회의 흐름은 훨씬 빨라졌을 것이다.

리더십 연구를 25년 이상 한 제임스 쿠제스와 베리 포스너 교수에 따르면 전 세계 75,000명이 넘는 사람을 대상으로 존경받는 리더가 갖추어야 할 성품을 조사한 결과는 바로 '정직'이었다. 흥사단 투명사회본부가 초·중·고생 2,000명을 조사한 결과에 따르면 정직지수는 초등학생 85점, 중학생 75점, 고등학생 67점이었다.

인간은 삶을 시작하면서부터 진실을 갈망한다. 하지만 나이를 먹으면서 목숨을 부지하기 위해 거짓말하는 능력을 키우게 된다. 정직하다고 스스로 말하는 사람은 결코 정직하지 못하다. 아무것도 모른다고 말하는 사람은 모든 것을 잘 알고 있으며 무엇이나 다 알고 있다고 말하는 사람은 허풍선이에 불과하다.

"사람은 혼자 있을 때 정직하다. 혼자 있을 때는 자기를 속이지 못한다. 그러나 남을 대할 때는 그를 속이려고 한다. 하지만 좀 더 깊이 생각하면 그것은 남을 속이는 것이 아니라 자기 자신을 속인다는 것을 알아야 한다."

랠프 에머슨1803~1882이 거짓에 대해서 경고한 말이다.

대부분의 사람들은 자신에 대한 거짓말을 할 때 본인도 모르게 목소리를 크게 낸다. 자기의 거짓을 숨기려고 큰소리로 과장하는 것이다. 마치 동화에서는 피노키오가 거짓말을 하면 코가 늘어나는 것처럼 점점 더 큰소리를 친다.

우리는 거짓말을 해도 실제로 코가 늘어나지는 않는다. 하지만 마음에 거짓말을 할 때마다 하나둘 찌꺼기가 쌓여 양심의 가책을 느낀다. 그리고 한 번의 거짓말은 그것을 합리화하기 위해 또 다른 거짓말을 부르게 된다.

한 번 거짓말을 하면 두 번하게 되고 두 번 하면 세 번하게 된다. 마침내 거짓말이 결국 버릇이 되고 만다. 거짓말은 눈과 같아서 굴리면 눈덩이처럼 커지는 것이다. 그렇게 거짓말을 일삼다 보면 결국에는 거짓된 인생을 살게 된다. 이처럼 거짓말만큼 비열하고 가련하고 경멸스러운 것은 없다.

우리에게 잘 알려진 이솝우화의 하나인 〈양치기 소년〉은 이와 관련하여 큰 교훈을 준다.

양치기 소년이 심심풀이로 "늑대가 나타났다!"라고 거짓말을 하고 소란을 일으켰다. 동네의 어른들은 소년의 거짓말에 속아 무기를 가져오지만 허탕을 친다. 소년은 동네 사람들이 자기가 한 거짓말에 속아 난리를 떠는 모습을 보며 재미를 느낀다. 그리고는 계속해서 거짓말을 한다.

그러던 어느 날 정말로 늑대가 나타났다. 그래서 양치기 소년이 "늑대다!" 라고 소리를 쳤다. 어른들은 소년의 말을 믿지 않았고 아무도 소년을 도우러 가지 않았다. 그 결과 마을의 모든 양이 늑대에게 죽임을 당하고 만다.

이처럼 사람은 여러 번 거짓말에 속으면 나중에 진실을 들어도 그 말을 믿지 않게 된다. 따라서 평소에 정직하게 생활하면 필요할 때 타인으로부터 신뢰와 도움을 얻을 수 있는 것이다.

진실이 모습을 감추면 불의가 들불처럼 일어난다. 이런 상황이라면 진실이 드러나지 않기 때문에 선한 사람과 악한 사람의 구분이 어려워진다. 따라서 진실을 말하는 정직한 사람은 손해를 보고 거짓말을 하는 사람은 이득을 쉽게 챙긴다. 그러면 거짓을 말하는 사람이 점점 많아지고 진실을 말하는 사람이 점점 적어진다. 그 결과 거짓이 넘쳐나는 사회는 온통 뒤죽박죽 혼돈에 빠지게 되는 것이다. 그렇게 되면 대부분의 사람들은 정직하면 손해를 본다는 잘못된 생각을 하게 된다. 하지만 정직이 결국에는 더 큰 이득을 가져다준다는 것은 확실하다.

우산을 만드는 회사에서 제작 과정 중 실수로 우산에 흠이 생기게 되었다. 할 수 없이 회사는 바겐세일로 우산을 처분하기로 방침을 세웠다. 하지만 도무지 팔리지 않았다. 그런데 광고회사가 이를 인수해서 판매를 시작했다. 결과는 놀라웠다. 우산이 날개 돋친 듯 삽시간에 팔렸던 것이다.

무슨 일이 있었던 것일까?

광고회사는 흠이 있는 우산을 팔기 위해 다음과 같은 광고문을 신문에 게재했다.

"흠이 있는 우산을 싼값에 팝니다. 하지만 사용하기에는 불편이 없습니다."

있는 그대로 사실을 밝혔던 것이다.

이처럼 고객을 구름처럼 몰리게 한 힘은 "정직"이었던 것이다. 확실히 "정직"은 지금 우리 사회에서 가장 결여된 덕목임에 틀림이 없다.

진실을 말하는 정직의 가치를 튼튼히 내면화할수록 사회는 더욱 건강하게 발전한다. 정직하게 진실을 말하는 관행과 분위기 속에서 그 사회는 자기교정력self-correction, 自己矯正力을 충분히 그리고 효과적으로 발휘할 수 있기 때문이다.

정직을 실천하지 않고 과시하는 것은 하나의 술책에 지나지 않는 것이다.

"수많은 글자 중에서 단 한 글자를 고르라면 성誠자를 고르겠다. 성이란 말씀 언言 변에 이룰 성成이 합해진 글자다. 말한 대로 이루는 것이 성이니 다시 말하면 거짓이 없는 게 성이다."

중국 송나라 때의 학자 사마광1019~1086이 한 말이다.

아무도 보지 않는데 규칙을 지키는 사람, 원칙대로 사는 사람 그리고 정직한 사람. 이들이 바른 인성의 소유자이며 진정한 의미로 착하고 선한 사람이다. 정직이야말로 가장 소중한 핵심 가치인 것이다.

"하루만 행복하고 싶다면 이발을 하라. 일주일 동안 행복하고 싶거든 결혼을 하라. 한 달을 행복하고 싶다면 말을 사고 한 해를 행복하게 지내고 싶다면 집을 지어라. 그러나 평생을 행복하게 지내고 싶다면 정직하라." 영국 속담이다.

오래 가는 행복은 정직한 것 속에서만 발견할 수 있는 법이다.

먼저 내가 할 일은 자신에게 진실해야 한다. 스스로 진실하지 못한데 어찌 타인이 나에게 진실하기를 바랄 수 있겠는가?

〈정직에 관한 격언〉

1. 정직하라. 더 나은 사람이 되기 위해 노력하라. 공정하고 흰 것을 희다고 하고 검은 것을 검다고 말해라 : 바옌사

2. 정직한 인간은 하느님이 창조한 가장 고귀한 작품이다 : 포프

3. 정직만큼 값진 유산은 없다 : 셰익스피어

4. 정직한 길을 걸어가는 데 너무 늦다는 법은 없다 : 세네카

5. 정직할 수 있는 사람만이 완전한 인간이다 : 플레처

6. 자녀를 정직하게 기르는 것이 교육의 시작이다 : 서양 격언

7. 학식이 없으면서 정직한 사람은 얄팍해서 쓸모가 없고, 학식은 있으나 정직하지 못한 사람은 매우 위험하다 : 벤 존슨

8. 정직을 잃은 자는 더 이상 잃을 것이 없다 : 릴리

9. 정직한 사람은 모욕을 주는 결과가 되더라도 진실을 말하고 잘난 체하는 자는 모욕을 주기 위해서 진실을 말한다 : 헤즐리트

2) 내가 진다!- 책임

모든 책임은 내가 진다! The buck stops here! - 트루먼 미국 대통령

금고를 지킨 청년

우리나라가 최초로 해외 건설 수주를 따냈을 때의 실제 이야기이다. 동남아 태국에 있던 국내 건설회사의 공사 현장에서 폭동이 일어났다. 폭동의 여파로 성난 인부들이 모두 흉기를 들고 사무실로 쳐들어왔다. 생명의 위협을 느낀 사무실 직원들은 모두 도망을 가고 텅 비어버린 사무실에서는 단 한 명만이 금고를 지키고 있었다.

시위대들이 그를 폭행하면서 금고를 열라고 했지만 그는 끝까지 금고를 지켜냈다. 결국 경찰들이 출동해서 금고를 빼앗기지 않고 안전하게 지켜낼 수 있었다. 생명의 위협을 느끼는 절박한 상황에서도 자기의 책임을 다한 그는 그 후로 30대에 사장의 자리에 오르며 승승장구하게 되었다.

그 후 주어진 임무를 끝까지 완수하는 책임감이 그를 정치인으로 성장시켰다.

인간의 도리에는 반드시 책임이 따른다. 맡은 바 책임을 다하기 위해서는 세상의 상식과 개인적인 감정에 의존하지 않아야 한다. 책임과 의무를 다하고자 한다면 개인적인 감정과 욕망에서 벗어나 타인의 입장에서 생각해야 한다.

| 폭도로부터 금고를 몸으로 지키는 청년 |

책임감Responsibility의 어원에는 응답response이라는 뜻이 담겨 있다. 책임감이란 응답하기 위해 열려 있고 준비하는 자세이자 자기에게 주어진 권리나 의무에 대한 부름인 것이다. 누군가 부르는데도 응답하지 않는다면 그것은 상대방에 대해서 마음을 열고 있지 않기 때문이다.

누군가 여러분을 사랑하고자 해도 여러분이 상대방을 도와주지 않고 협조하지 않는다면 오히려 장벽이 놓이게 된다. 책임지겠다는 것은 깨어 있고 의식적이 된다는 뜻이며 '한마음'이 된다는 뜻이다.

우리에게 주어진 권리를 지키기 위해서는 책임의식도 지녀야 한다. 책임 없는 자유는 방종이다. 권리나 자유를 누리려면 그에 걸맞는 책임의식을 가져야 하는 것이다. 남의 탓으로 돌리면서 삶의 책임을 떠넘기는 사람들은 서서히 그 힘을 잃기 시작한다. 하지만 고통스럽더라도 삶의 책임을 받아들이는 사람들은 서서히 인생의 힘을 얻기 시작한다.

책임감이 없다면 어떤 일을 하더라도 최선의 노력이나 역량을 발휘하지 못하게 된다. 그 때문에 부정적인 결과를 예측할 수 있음에도 불구하고 무책임으로 일관하면서 대형 재난을 야기하게 되는 것이다. 사회구성원 각자가 책임감이 있고 그것을 중요하게 여긴다면 서로에게 열린 마음으로 다가서고 서로를 위하며 화합하고 목표를 향하여 나아갈 수 있는 힘의 근원이 마련될 것이다.

책임은 누군가가 짊어진 능동적 책임과 누군가에게 부과된 수동적 책임으로 구분된다. 지적으로나 신체적으로 성인으로서의 책무를 수행할 수 있음에도 이를 기피하는 사람을 모라토리엄 인간 Moratorium Man이라고 한다. 넓은 의미로는 어떤 분야에서든 초심을 잃고 이기적인 태도로 공동의 윤리적 책임을 피하려는 경향도 이런 인간형에 포함된다. 당신이 행한 모든 일의 책임은 당신에게서 비롯되었고 당신에게서 끝난다. 그래서 자기 인생에 대한 책임감을 반드시 가져야만 하는 것이다.

책임은 권리인 동시에 의무이며 우리가 사회의 일원이 되기 위해서 반드시 지켜야 할 덕목이다.

〈책임에 관한 격언〉

1. 왕은 왕답게 신하는 신하답게 아버지는 아버지답게 아들은 아들답게
   행동하라 : 논어

2. 책임이 있는 곳에 주인이 있다 : 안창호

3. 책임은 다른 사람과 나누어 가질 수 없다 : 브라운

4. 자기 책임을 방기하려 하지 않으며 또한 그것을 타인에게 전가시키려
   하지도 않는 것은 고귀한 일이다 : 니체

5. 책임의 본질은 이를 수행하는 사람을 바꾼다고 해서 변하지 않는다
   : 브라운

6. 인간의 책임은 신의 책임이 감소함에 따라 증가한다 : 앙드레 지드

7. 책임은 무겁고 길은 멀다 (任重而道遠) : 공자

8. 나는 모든 권리에는 의무가, 기회에는 부담이, 소유에는 책임이 따른다
   고 믿는다 : 록펠러 2세

9. 책임과 의무를 다하고자 한다면 개인적인 감정과 욕망에서 벗어나 타
   인의 입장에서 생각해야 한다 : 칸트

03

스스로 깨어나라!

1) 끌어내라 – 창의성

창조 활동이란 이미 존재하는 사실과 아이디어와 재능과 기술들을 벗겨 보고 골라 보고 섞어 보고 묶어 보고 종합하는 일이다 – 아서 캐스틀러

코끼리 무게 달기

옛날에 두 나라가 있었다. 이들 나라는 서로를 앙숙으로 여기며 자주 전쟁을 했다. 그중 힘이 센 나라가 전쟁의 구실을 만들기 위해 어려운 숙제를 냈다. 아주 커다란 코끼리를 보내 무게가 얼마인지 알아내라고 한 것이다. 전쟁을 일으키고자 하는 계책이나 마찬가지였다. 힘이 약한 나라에는 코끼리를 잴 만한 큰 저울이 없었다.

저울이 없으니 무게를 알아내지 못할 거라고 판단하고 낸 문제였다. 코끼리를 토막을 내서 저울에 재자는 의견을 제시한 신하도 있었다. 하지만 코끼리를 죽일 수도 없었다. 만약 코끼리를 죽이게 되면 그것도 전쟁의 구실이 되기 때문이었다.

왕은 이러지도 저러지도 못하고 전전긍긍할 뿐이었다. 그때 어린 왕자가 왕에게 방법이 있다고 말했다. 귀가 솔깃해진 왕이 왕자에게 방법을 물었다. 왕자가 제시한 해법은 이랬다.

먼저, 코끼리를 강가로 데려가 준비된 배 위에 태운 후에 배가 물에 잠긴 부분을 표시하고는 다시 코끼리를 내리게 한다. 그다음, 준비된 돌을 배에 표시한 부분이 잠길 때까지 넣는다. 마지막으로, 배에 실었던 돌들을 꺼내고 돌들의 무게를 합해 코끼리의 무게를 계산해내는 것이었다. 이로써 힘이 약한 나라는 코끼리의 무게를 힘이 강한 나라에게 알려줄 수 있었다. 그 결과 마침내 두 나라는 전쟁을 피할 수가 있었다.

이는 중국의 삼국시대 위나라의 기초를 세운 조조155~220의 아들 조충曹沖, 196~208의 일화이다. 경험이 많은 원로대신들이 고정관념에서 벗어나지 못하고 있을 때 어린 왕자가 창의력을 발휘해 어려운 숙제를 풀어내고 국가의 위기를 넘긴 것이다.

재능이란 자기 자신과 자기의 힘을 믿는 것이다. 그리고 우리의 능력은 깨어나고자 안간힘을 쓴다. 우리 내면에는 우리가 상상도 하지 못할 거대한 잠재력이 숨어 있어서 그 힘이 발휘되기만을 기다리고 있다. 우리는 앞으로 새롭게 변화하고 의미와 목적이 있는 삶을

| 코끼리를 배에 실은 모습 |

영위할 수 있으며 모든 면에서 성장할 수 있다.

　우리의 마음은 더욱 성숙해지고 지혜로워질 것이다. 또한 우리의
관계는 더 돈독해지고 재능과 능력과 자신을 대하는 태도에서도 더
욱 성숙해질 것이며 육체적으로도 더 건강해질 것이다. 누구나 자
신이 원하는 사람이 될 수 있다. 우리는 그럴 능력을 충분히 가지고
있다.

　그렇다면 인간에게 가장 필요한 재능은 무엇일까? 우리는 많은 능
력을 가지고 있다. 그런데 그중에는 '머리'와 '가슴'을 유연하게 연결
하는 창의력이 있다.

　'창의'는 '창조'와는 다르다. 창조가 무에서 유를 만들어 내는 것이
라면 창의는 유무형의 한계조차 뛰어넘는 새로운 가치를 창출해내
는 힘을 가리킨다.

우리는 누구나 창의성을 가지고 태어난다. 단지 그 능력을 알지 못해서 밖으로 끌어내지 못할 뿐이다. 타고나는 것으로 끝나는 것이 아니라 창의력을 더욱 계발하여 만들어내야 한다.

내가 알고 있는 나로부터 벗어나는 것.

고정관념을 깨고 새로운 나를 발견하는 것.

그것으로부터 나에게서 자유로워지고 진정 행복해질 수 있는 가능성을 발견하는 것.

이것이 바로 창의력의 시작이다. 상식적인 문제를 비상식적으로 사고할 수 있을 때 비로소 창의력이 생긴다. 창의적인 생각은 하루 아침에 하늘에서 뚝 떨어지지 않는다. 창의성이란 훈련된 사고로부터 탈출하는 것이 아니라 훈련된 사고의 도움으로 탈출하는 것이다. 창의성은 아무런 관련이 없어 보이는 것들을 연결시키는 힘이다.

우리는 창조적 코드의 가닥들을 가지고 있다. 그것은 우리의 상상력 안에 회로처럼 얽혀 있다. 사람은 누구나 창조적 선각자가 될 수 있는 무한한 가능성을 갖고 있다. 우리 안에 잠자고 있는 창의력 유전인자는 언제라도 세상을 위해 활용되기만을 손꼽아 기다리고 있다. 창의력은 키우는 것이 아니라 유도하는 것이다. 잠재되어 있는 창의력을 깨워 나만의 이야기를 창조해낼 필요가 있는 것이다.

우리의 상상력은 사실과 사실이 아닌 것, 그리고 가능한 것과 가능하지 않은 것을 분리하였다. 그 결과 관념과 선입견은 우리로 하여금 사회라는 틀 안에서 적절히 적응하며 살게 만들었다. 그리고 어느덧 우리는 개성을 잃어버린 채 천편일률적인 삶을 살게 된 것이다.

정보를 잘 외우고 문제를 실수하지 않고 잘 푸는 것을 우월성으로 생각하는 기존의 교육 제도는 선진 경제를 견인한 공로를 인정받았다. 하지만 이제는 생태계의 변화에 맞춰 수정되어야 한다. 틀에 맞춰 고만고만한 인재를 판에 박힌 듯 양산만 하려고 해서는 안 된다. 그 대신 새롭고 엉뚱한 사고를 생각할 수 있게 하고 지적인 모험에 의한 실수도 용납함으로써 개인의 개성을 살리는 교육의 틀을 만들어야 한다.

우리가 배운 사고방식은 스토브의 연통과 같다. 스토브 연통처럼 좁고 제한적인 사고방식으로는 하나의 문제를 푸는 데 하나의 정답만을 찾아낼 수 있을 뿐이다. 이런 환경에서는 창의적 사고가 끼어들 여지가 없다.

"왜?"라든가 "만약에"라는 질문이 처음부터 없기 때문이다.

불행하게도 우리가 지니고 있던 무한한 창의력은 자라면서 사라지도록 학습되었다.

누구나 가지고 있는 위대한 능력인 창의력을 우리는 안타깝게도 자라면서 점점 잃게 된 것이다. 스스로 창조적인 사람이 아니라고 생각하면 창조적인 사람이 되지 못한다. 창조적인 사람이 되는 것을 방해하는 것은 바로 자신이다.

창의적 사고는 신이 인간에게 준 선물이고 이성적 사고는 충실한 종이다.

오늘날의 인류가 만든 사회는 충실한 종을 존중하는 대신 신이 준 선물을 잊게 만들었다.

현대의 최고의 창의력의 소유자였던 스티브 잡스Steve Jobs, 1955~2011

의 성공 스토리를 보면 창의력이 얼마나 중요한지를 확인할 수 있다.

그의 대표적인 히트 상품인 아이팟i-pod, 아이폰i-phone, 아이패드 i-pad, 그리고 아이워치i-watch는 모두 최초의 것이 아니며 새로운 것들이 아니다. 아이팟은 이미 실용화된 엠피3MP3의 변형이고 아이폰은 기존의 스마트폰을 개량한 것이다. 이들 모두 기존의 생각을 바꾼 것이다. 하드hard가 아닌 소프트soft로의 전환이 대성공을 가져다 준 것이다. 이것이 바로 잡스의 창의력의 산물인 것이다.

창의적 발상이란 이미 존재하는 것을 새로운 뭔가로 재정리하거나 확장시키거나 결합하는 것이다. 창의력이란 사물들을 새롭게 연결하는 것이다.

생각을 바꿔야 한다. 그것도 매우 빠른 속도로. 또한 "하지 마라"가 아니라 "다르게 하라"를 추구해야 한다.

다르게 보고 다르게 생각하라. 다른 귀로 듣고 다른 눈으로 보라. 그러면 머리와 마음으로 합칠 때 새로운 것이 만들어지게 될 것이다.

경험에만 의존하지 말고 생각을 바꿔라. 인간의 자기계발을 위한 노력으로 새롭게 발명하고 새롭게 정의를 내리고 새로운 역할 공간을 만들어야 한다.

창의성은 자신이 위대하다는 것을 믿는 것이다. 창의력을 발휘해 자신의 색깔을 나타내야 한다. 잠자고 있는 창의력을 깨워 나의 가치를 높여야 하는 것이다.

〈창의력을 키우는 독서 요령〉

1. 잘생긴 나무를 택하라 : 능동적으로 찾아 읽어라

2. 넓은 숲을 거닐어라 : 많이 읽어라

3. 뿌리를 짚어라 : 깊게 생각하라

4. 함께 나눠라 : 수다도 힘이다

5. 멀리 보라 : 트렌드trend를 읽고 예측력을 길러라

6. 가로로 읽고 세로로 생각하라 : 아이디어 교차점을 찾아라

7. 메모하고 실행하라 : 메모가 인생의 흐름을 바꾼다

8. 멘토mentor를 만들어라 : 책 속에 삶의 지도가 있다

9. 쾌감지수를 높여라 : 맛있어야 손이 간다

2) 바로 하라 - 열정

성공하기 위해서는 자신의 업무 범위를 뛰어넘어 무언가 특별한 것을 시도해야 한다
- 앤드류 카네기

카네기의 열정

철강왕 앤드류 카네기Andrew Canegie, 1835~1919는 힘들었던 어린 시절에도 열정적으로 노력했다. 미국으로 이주해온 가족들의 생계를 위해 피츠버그의 한 전보 사무실에서 사환으로 일하던 13살의 소년 카네기는 하루도 빠지지 않고 일찍 사무실에 나와 청소를 하면서도 공부를 게을리 하지 않았다.

그러던 어느 날 사무실이 비었을 때 소년 카네기는 해고 위험을 무릅쓰고 "사환"의 업무를 넘어서 자신이 독학한 "전신원"의 업무에 도전했다. 그 결과는 사장의 칭찬과 정식 전신원으로의 승진이었다. 펜실베니아 철도회사의 전신원으로 스카우트 된 카네기는 그곳에서도 기회를 놓치지 않았다.

어느 날 아침 카네기가 출근한 직후에 열차가 철로에서 탈선해서 모든 시스템이 마비되는 사고가 발생했다. 그런데 카네기를 스카우트했던 지역 책임자는 연락이 닿지 않았다. 이에 카네기는 해고와 감옥에 수감될 것을 각오하고 책임자 명의로 철도 노선 변경 등의 내용을 전보로 지시하며 사고를 수습했다.

사태가 종료되었을 때 책임자가 나타났다. 그는 매우 기뻐하며 전

신원이었던 카네기에게 모든 철도 노선을 조정하는 업무를 맡겼다. 카네기는 입사 1년도 안 되어 독학으로 복잡한 철도 운영 방식을 완벽하게 익혔던 것이다.

항상 공부하며 실력을 쌓고 자신에게 주어진 업무를 열정적으로 했던 앤드류 카네기. 그는 US스틸사의 모태가 되는 카네기철강회사를 설립했고 은퇴 이후에는 교육과 문화사업에 전념했다. 철강회사를 경영할 때는 "냉혹한 자본가"였던 카네기였지만 은퇴 후에는 "부자로 죽는 것은 불명예스러운 죽음이다"라는 글을 남겼고, 그것을 실천하며 한평생을 마감했다.

카네기는 인간의 일생을 전기와 후기 두 시기로 나누었다. 그는 전기에서는 부를 축적하고 후기에서는 그 부를 사회복지를 위해 써야 한다는 신념을 갖게 되었다. 그래서 카네기공과대학을 세우기도 했다.

| 카네기와 철강회사 |

열정적인 사람들은 어떻게든 일을 해낸다. 훌륭한 리더에게서는 주어진 일을 해내고자 하는 열정을 느낄 수 있다. 열정적인 사람들은 다른 사람들에게 사기와 의욕을 불러일으킨다.

우리는 열정에 전염성이 있음을 잘 알고 있다. 역사상 모든 위대한 일 중에서 열정 없이 이루어진 것은 없다. 대부분의 사람들은 부정적인 상사보다는 자신이 하는 일에 애정과 열정을 가진 상사를 따른다.

관련 보고서에 따르면 100명 중 99명이 긍정적으로 생각하는 사람들 옆에 있고 싶어한다. 또한 10명 중 9명은 자신의 주위에 긍정적인 사람이 있을 때 생산성이 높아진다고 한다. 이처럼 리더의 열정과 낙관주의가 일으키는 파문 효과는 실로 엄청나다.

청년기를 거친 일반적인 성년이라면 누구나 한 번쯤은 경험했을 일이다.

초등학교 시절 치른 시험에서 100점을 받지 못하면 세상이 끝나는 줄 알았다. 중학교 무렵에는 1등을 하지 못하면 낙오자가 되는 줄 알았다. 고등학교에 들어와서는 대학에 진학하지 못하면 그것으로 인생이 끝인 줄 알았다. 게다가 대학에 떨어져 재수라도 하게 되면 그야말로 세상의 벼랑 끝에 선 처지에 절망했다. 대학을 졸업하더라도 취업을 하지 못하면 이번에도 세상이 무너지는 줄 알았다. 매번 치르는 입사 시험에도 떨어져 취업 재수를 할 때면 그 짧은 1년 차이가 마치 10년의 긴 세월의 장벽처럼 느껴져 한없이 슬프고 부끄러웠다.

이런 시절을 누구나 한 번쯤은 떠올릴 수 있을 것이다. 하지만 세상은 끝나지 않고 그대로다.

젊음은 온갖 실수를 저지를 수 있는 시련의 시기인 동시에 실수를 극복할 기회이기도 하다. 재능을 가진 자가 큰 꿈을 꾸고 기지를 가진 자가 그 꿈을 이룬다고 했다. 무언가를 선택할 때는 그 길이 자신의 꿈을 이루기 위한 단순한 수단인지 아니면 장차 이렇게 되고 싶은 자신의 모습을 본질적으로 추구하는 길인지 검토해야 한다.

모름지기 새로운 일을 시작하는 데 가장 중요한 것은 마음과 의지이다. 마음이 있는 곳이 보고寶庫이며 의지가 있는 곳이 원천이기 때문이다. 이런 마음과 의지에 열정을 더해야만 성공할 수 있다.

열정은 격렬하다. 상태는 혼란하고 예측은 불가능하다. 자유분방하고 과도적이며 뭔가에 사로잡혀 있는 듯한 상태가 바로 열정이다. 이런 열정이 부족하면 성공하기 어렵다. 성공은 열망에 비례하며 성공의 크기는 열망의 깊이에 좌우된다.

하고 싶은 일이 있으면 방법이 보이고 하기 싫은 일에는 변명만 보이는 법이다. 좋아하는 일에 집중하고 더 많은 시간을 쏟는다면 그 일에 점점 더 큰 열정을 가질 수 있을 것이다.

사회가 원하는 인재는 이론가나 평론가가 아닌 실천가이다. 학력이나 학점 또는 외국어 실력만이 전부가 아니다. 실무 역량을 갖추고 묵묵히 자신의 길을 갈 수 있는 사람과 주변의 말에 귀 기울이면서도 자신의 생각을 실천할 용기를 지닌 사람이야말로 해결사로 성장한다. 업무에 필요한 전문성은 경험의 기간보다 경험의 질에 좌우된다. 얼마나 오랫동안 했는가보다는 얼마나 깊이 있게 강도 있게 일했는가가 관건인 것이다.

치열한 경쟁에서 살아남기 위해서는 열정과 즐거움의 렌즈로 세상을 봐야 한다. 그리고 가장 열정적인 꿈을 꾸어야 한다. 그러면 열정적인 삶을 살 수 있다.

열정이야말로 우리를 행동하게 만드는 감정이다. 새가 날개로 움직인다면 사람은 열정으로 움직이는 존재인 것이다. 따라서 열정은 최대한 키워야 하는 매우 강력한 에너지이다.

우울할 때면 나는 열정적으로 목청껏 노래를 부를 것이다.

슬플 때면 나는 가슴을 펴고 열정적으로 큰 소리로 웃을 것이다.

두려움을 느낄 때면 나는 더욱 용감하게 열정적으로 앞으로 나아갈 것이다.

아픔을 느낄 때면 나는 열정적으로 두 배로 일할 것이다.

불안함을 느낄 때면 나는 열정적으로 목소리를 더욱 높일 것이다.

열등감을 느낄 때면 열정적으로 나는 새 옷으로 갈아입을 것이다.

가난하게 되었다면 나는 앞으로 얻을 부를 열정적으로 상상할 것이다.

무능력하다면 난 과거의 성공을 열정적으로 회상할 것이다.

삶이 무의미하게 느껴진다면 나의 목표를 열정적으로 생각할 것이다.

이제 나는 나의 감정을 지배하는 법을 열정적으로 배울 것이다.

열정 없이 실행되는 것은 아무것도 없다. 열정은 노력의 어머니이며 열정 없이는 위대한 것을 성취할 수 없다. 열정은 가득 품을수록 좋다. 열정의 에너지는 희망을 키우는 삶의 활력소이다. 열정이란 뜨거운 마음에서 온다.

무언가를 이루고 싶은 강렬한 욕망. 그 간절함이 열정의 불꽃을 피우게 한다. 열정은 나를 가치 있는 인간으로 만들어 주는 중요한 마음가짐이다.

나는 수동적으로 '살아 있는' 존재가 아니라 능동적으로 '살아가야' 하는 존재이다. 그리고 '열정적'으로 살아가야 하는 존재인 것이다.

Magic words 9

〈열정에 관한 격언〉

1. 열정은 노력의 어머니이며 열정 없이는 위대한 것을 성취할 수 없다
   : 프랭클린 루즈벨트

2. 인간은 끝없는 열정을 품고 있는 일에는 성공하기 마련이다 : 슈외브

3. 개성의 차이는 열정의 차이다 : 레온 차이

4. 열정은 흔히 영리한 사람도 바보로 만들고 아무리 바보라도 현명하게
   한다 : 라 로체푼카우드

5. 위대한 일은 열정 없이 이루어지지 않는다 : 랠프 왈도 에머슨

6. 위대한 열정만이 영혼을 위대하게 할 수 있다 : 데니스 디드로

7. 열정은 기회를 발견하고 에너지는 그것을 활용한다 : 헨리 홉킨스

8. 열정이란 인격체가 되어가는 과정이다 : 존 부어먼 감독

9. 다른 사람보다 뛰어나기 위해서는 단지 흥미를 갖는다는 것만으로는
   부족하다. 중요한 것은 열정이다 : 로버트 몬다비

3) 바꿔라 - 변화

작은 변화가 일어날 때 진정한 삶을 살게 된다 - **톨스토이**

미키 마우스의 탄생

월트 디즈니1901~1966는 1901년 미국 일리노이 주 시카고에서 태어났다. 그의 집은 무척 가난했다. 무섭고 엄했던 아버지는 소와 닭과 오리 등을 돌보는 일을 어린 자녀들에게 시켰다. 어린 디즈니는 동물을 돌보는 시간이 너무나 행복했다. 그림 그리기를 좋아했던 디즈니가 마음껏 그림을 그릴 수 있는 유일한 시간이었기 때문이다.

소년 디즈니는 소와 닭과 오리 등을 열심히 관찰하며 그림을 그렸다. 제대로 된 미술 도구는 없었고 버려진 나무판자나 땅바닥에 그리는 것이 전부였다. 하지만 소년 디즈니는 그 시간이 너무나 행복하고 즐거웠다. 이 그림들이 훗날 디즈니가 만들어낸 수많은 동물 캐릭터의 시초가 되었다.

가난 속에서도 그림을 포기하지 않았던 소년 디즈니는 어른이 되자 곧장 애니메이션animation의 세계에 뛰어들었다. 그가 만든 단편 애니메이션 시리즈는 많은 사람에게 인기를 끌었다.

그 후 디즈니는 소리가 없던 애니메이션 영화에 최초로 소리를 넣어 유성 애니메이션을 만들었고, 흑백 애니메이션이 전부이던 시절에 여러 가지 색을 입힌 애니메이션도 제작했다. 또한 최초의 장편 애니메이션을 만드는 등 다양한 도전을 멈추지 않았다. 이때 태어난

캐릭터가 지금까지도 세계에서 가장 사랑받는 〈미키 마우스Mickey Mouse, 1928〉다.

디즈니가 시도한 모든 것이 애니메이션 분야에서는 최초였다. 하지만 디즈니의 도전이 모두 성공한 것은 아니었다. 때로는 무모하다는 비난을 들었고 새로운 기술 도입에 너무 많은 돈을 투자하다가 파산 상태가 되기도 했다. 하지만 디즈니는 도전을 멈추지 않았다.

"도전할 수 없는 때가 두려울 뿐 실패를 두려워하지 않겠다."

디즈니를 중도에 그만두지 않게 한 바로 그의 신념이다.

이러한 도전 정신이 있었기에 디즈니의 애니메이션이 관객에게 매번 놀라움과 새로운 감동을 줄 수 있었던 것이었다. 디즈니는 애니메이션을 통해 보여준 꿈과 환상의 세계를 현실에서도 보여주고자 했다. 오늘날 세계 곳곳에서 큰 인기를 누리는 놀이공원 ≪디즈니랜드≫는 그의 부단한 도전 정신의 산물인 것이다.

| 미키 마우스와 월트 디즈니 |

세상이 변했다. 삶의 속도가 더 빨라졌고 누구나 자신의 속도로 움직인다.

인간은 끊임없이 변화한다. 변화는 기회다. 우리 자신이야말로 우리가 추구하는 변화의 대상이 되어야 한다. 과거는 바꿀 수 없다. 하지만 우리의 행동을 바꾼다면 미래는 바꿀 수 있다. 변화는 가진 자의 것이 아니라 가지려고 하는 자의 것이다. 또한 생각이 아니라 행동에서 비롯되는 것이 변화이다.

발전하기 위해서는 무엇보다 변해야 한다. 그리고 완벽을 원한다면 수시로 변해야 한다고 윈스턴 처칠1874~1965이 말했다. 타인이 한 일을 따라서 하는 것이 아니라 이를 먼저 생각하고 실천하는 것이 중요하다. 타인과 다른 특별한 경쟁력은 타인과 다른 특별한 시도에서 온다.

"나는 힘이 센 강자도 아니고 두뇌가 뛰어난 천재도 아닙니다. 타성의 생쥐를 몰아내기 위해 날마다 새롭게 변할 뿐입니다. 그것이 나의 성공 비결입니다. 'Change'의 g를 c로 바꿔보십시오. 'Chance기회'가 되지 않습니까?"

마이크로소프트의 빌 게이츠가 한 말이다.

세상은 우리가 생각한 것 이상으로 훨씬 더 빠른 속도로 변하고 있다. 새로운 기술이 끊임없이 등장하고 있으며 새 지도를 살 틈도 없이 지명이나 국경이 속속 바뀌고 있다. 또한 과학은 비약적으로 발전하며 인생과 자연에 대한 우리의 관점을 끊임없이 바꿔놓고 있다. 이들은 끊임없이 우리에게 손짓하고 있다. 어서 와서 변화 속에 합류하라고!

기업은 시속 100마일, 가정은 시속 60마일, 학교는 시속 10마일, 법은 시속 1마일로 변화한다고 한다. 이처럼 빠른 속도로 변화하는 곳이 바로 기업 즉 사회이다. 하지만 우리들은 지나간 것을 배우려 하지 않고 앞날을 위해 무엇을 해야 하는지 고민하지 않는다. 오로지 앞으로만 질주하려고 한다.

제동을 걸려는 사람이라도 있으면 그를 타박하고 더 나은 가치를 말하는 사람에게는 입도 뻥긋하지 못하게 재갈을 물린다. 그리고는 시시각각 변화하는 주변 환경을 무시하며 살아가고 있는 것이 대부분의 현대인의 모습이다. 그들은 익숙한 것에서 벗어나려 하지 않는다. 마치 서서히 데워지고 있는 냄비 속의 개구리처럼 그저 현실에 안주해서 살아가고 있는 것이다.

사람들에게 새로운 아이디어를 수용하게 하는 것보다는 낡은 아이디어를 잊게 하는 것이 더 어려운 법이다. 누구에게나 아침은 찾아온다. 하지만 누구에게나 아침이 찬란한 것은 아니다. 만약 그대의 아침이 찬란하지 않다면 태양을 탓하지 말고 본인을 탓해야 한다. 나의 모든 미래는 나 자신이 스스로가 만들어 나가야 한다.

열정이 없으면 변화도 없다. 언제나 자신에게 변화와 새로움과 젊음을 선사하라. 그렇지 않으면 삶에 무뎌질 것이다. 변화의 파도에 휩쓸려 미지의 바다로 떠내려가기보다는 변화의 작은 실마리를 기민하게 낚아채고 스스로 변화를 주도하는 일이 더 중요하다. 또한 변화를 시키는 것과 변화를 보존하려는 것 사이에서 균형점을 찾아 균형 상태를 유지해야 한다.

젊었을 때는 남다른 존재가 되는 것을 두려워해서는 안 된다. 가치 있는 것을 찾아내고 그것으로 세상을 변화시키는 것이다. 끊임없이 다시 시도하는 것이다. 마냥 기다리기보다 부딪쳐 보는 것이다. 앞이 보이지 않을지라도 그 속에서 길을 찾아라. 일단 길을 나섰다면 최대한 적극적으로 나아가라. 남과 다른 성공의 이면에 남과 다른 길이 있기 때문이다.

같은 속도와 같은 모습과 같은 공간에서는 타인과 결코 차별화할 수 없다. 우유부단한 '소망 맨'보다는 적극적인 '행동 맨'이 되어야 한다. 도전에는 끝이 없다.

"나는 행동한다. 그러므로 실패한다. 나는 실패한다. 그러므로 발전한다."

우리는 실패의 합리화에서부터 임기응변 능력에 이르기까지 시련이나 스트레스를 접했을 때 자신이 무너지지 않게 보호해주는 많은 능력과 재주를 갖고 있다. 사람의 회복력은 놀라운데 부정적 경험을 만나면 얼른 그 크기를 축소하거나 다른 식으로 설명하거나 차단시킬 수도 있다. 또한 다른 긍정적인 경험으로 변형시킬 수 있다.

실패가 닥칠 때마다 물러서지 않고 온 힘을 다해 극복하면 자신의 능력이 배가 되는 것을 알 수 있다. 실패야말로 재능을 키우는 가장 좋은 길이다. 실패는 비관적인 인간의 눈에는 재난이고 낙관적인 인간의 눈에는 삶의 낭만이다. 도전 정신만이 우리를 키우는 유일한 방법이다.

역경은 인간을 완성시킨다. 게다가 극복하지 못할 역경이란 없다. 역경은 떼려야 뗄 수 없는 우리 삶의 일부이다. 우리가 해결해야 할 밖으로 드러난 과제일 뿐이다. 역경은 어느 정도로 심각하게 받아들여서 어떻게 극복할 것인가를 결정하는 사건이다. 따라서 역경이란 결국 심리나 정신의 문제인 것이다.

우리는 인생의 고비마다 한 뼘씩 자란다. 도전해서 실패한 사람은 재도전을 하여 새로운 일을 이룰 수 있다. 하지만 도전을 피하는 사람은 새로운 인생을 경험할 수 없다.

이미 엎어진 물은 잊어라. 인생은 길다. 끊임없이 과거를 되돌아보면서 반성해야 할 점이 있으면 반성하고 수정하면서 더 나은 삶을 준비하라.

"우리 세대의 가장 위대한 발견은 인간이 자신의 마음자세를 바꿈으로써 삶을 바꿀 수 있다는 사실을 발견한 것이다."

윌리엄 제임스1842~1910가 변화를 강조하며 한 말이다.

반드시 큰 뜻이 있어야 하는 것은 아니다. 마음을 잡아 끄는 것, 포부라는 것 그리고 꿈이라는 것만 있으면 된다. 인생의 시간들을 가치 있게 보내는 것은 본인을 위한 일이다.

즐기자. 깊이 파고 들자. 가슴을 활짝 펴자. 꿈을 크게 꾸자.

하지만 가치 있는 일을 하기란 쉽지 않다는 것도 잊어서는 안 된다.

살다 보면 좋은 날도 있다. 궂은 날도 있다. 두 손을 들고 그만두고 싶을 때도 있다.

그런 때가 왔으면 다시 한 번 배워야 하는 시기라고 받아들이자.

선물은 변화 속에 있다. 그렇다면 변화의 물결에 몸을 맡겨 보자. 변화를 더 이상 거부하지 말고 새롭게 각오를 다지자. 미리 준비하는 자가 될 것인가 나중에 대처하는 자가 될 것인가?

인간은 모든 변화에 잘 적응할 수 있다. 편안한 삶에 안주하지 말고 떠나자. 미지의 길을 개척해 보자. 익숙한 것과 결별하고 새로운 도전에 맞서자.

이제 더 이상 변화가 두렵지 않다. 지금의 감정에 충실하자. 나의 미래를 책임질 사람은 바로 나다. 내가 원하는 것을 얻기 위해서 이제 발을 내디뎌야 한다. 행운을 잡고 싶다면 빨리 움직여야 한다. 변화의 선두에 빨리 서서 경험해야 한다.

변화를 불러오면 리더가 되고 변화를 받아들이면 생존자가 된다. 변화를 거부하면 잊히고 사라지게 된다. 세상이 변하기 때문이다.

변화란 삶에 다름이 아니다. 변화는 '무엇'을 하는가가 아니라 '어떻게' 하는가의 영역에서 발생하기 때문이다.

세상에서 가장 힘든 변화가 있다. 바로 자신에 대한 변화이다. 변화를 원하는 사람들은 반드시 세 가지 지혜를 갖추어야 한다.

첫째, 자신이 바꿀 수 있는 일에 최선을 다해야 한다.

둘째, 자신이 바꿀 수 없는 일이 있다면 있는 그대로 받아들이고 고민하지 말아야 한다.

셋째, 이 두 가지를 구분할 줄 아는 지혜를 지니고 있어야 한다.

세상에서 가장 이기기 힘든 상대는 누구인가? 바로 본인이지 않은가!

내 안에 변화의 용기가 필요할 때 이렇게 자문하고 답하라.

먼저 이렇게 물어라. "꼭 그래야만 하는가?"

그다음 이렇게 답하라. "꼭 그래야만 한다."

세상의 모습을 그대로 받아들이되 그것을 뛰어넘어야 한다.

"새는 알을 깨고 나온다. 알은 곧 세계이다. 태어나려고 하는 자는 하나의 세계를 파괴하지 않으면 안 된다."

헤르만 헤세1877~1962의 말이다.

자신에게 변화와 새로움과 젊음을 선사하라. 그렇지 않으면 삶에 무뎌지게 된다. 변화에 긍정적으로 대처하고 관습에 도전할 준비를 갖추고 있어야만 자신의 가치를 높일 수 있다.

위험을 무릅써야 할 때가 있거나 변화를 일으켜야 할 때가 있거나 해봄직한 일을 시작해야 할 때가 있다면 그때는 바로 지금이다.

나아가 변화에 휘둘리지 말고 변화의 주인이 되라. 성공은 변화하고 저지르는 사람에게 기회를 준다. 기다리고 안주하는 사람에게 성공의 기회란 없기 때문이다.

〈변화에 관한 격언〉

1. 인생을 바꾸고 싶다면 즉시 시작하라. 그리고 최대한 화려하게 실행하라 : 제임스 윌리엄즈

2. 자기 앞에 어떠한 운명이 가로놓여 있는가를 생각하지 말고 앞으로 나아가라. 그리고 대담하게 자기의 운명에 도전하라. 운명을 두려워하는 자는 운명에 먹히고 운명에 도전하는 자는 운명이 길을 비킨다. : 비스마르크

3. 반항하라. 쉽게 평화를 갈구하지 마라. 자유로워져라. 희망과 내일이 없는 조건 속에서 순수한 불꽃 외에 다른 어떤 것에도 무관심해라. 이것이 자유의 원리다. 열정을 가져라. 열정이란 주어진 모든 것을 소진하는 것이다. 삶을 필사적으로 불태우고 최대한 많이 살아라. 이것이 일상을 반복하는 사람들을 위한 도전장, 도전의 원칙이다 : 알베르 카뮈

4. 변화에서 가장 힘든 것은 새로운 것을 생각해내는 것이 아니라 이전에 가지고 있던 생각의 틀에서 벗어나는 것이다 : 존 메이너드 케인스

5. 과거에 집착하는 사람은 새로운 것을 낯선 것과 불편한 것으로 받아들인다. 결국 변화보다는 불변에, 차이보다는 동일성에 의존하게 된다 : 니체

6. 미래의 나는 내가 지금 무엇을 가졌느냐가 아니라 내가 무엇을 끊임없이 추구하느냐에 의해 좌우된다 : 게리 해멀

7. 인생은 선물이며 도전이다. 다른 어떤 것으로도 측정할 수 없는 고유한 것이다 : 에리히 프롬

8. 변화는 고통이다. 그러나 그것은 항상 필요한 것이다 : 토마스 칼라일

9. 비관론자는 매번 기회가 찾아와도 고난을 본다. 낙관론자는 고난이 찾아와도 기회를 본다 : 윈스턴 처칠

04

나를 찾는 방법 - 많이 읽어라多讀, 다독

사람은 책을 만들고 책은 사람을 만든다 - 교보문고 창립자 신용호

마오쩌둥의 책 사랑

중국 대륙을 통일한 마오쩌둥毛澤東, 1893~1976은 부지런히 배우길 좋아하고 쉬지 않고 책을 읽은 것으로 유명하다. 어려서는 물론이고 나이가 들어서도 전쟁의 시기에도 평화의 시기에도 마오쩌둥은 손에서 책을 놓지 않았다. 힘들고 고단했던 대장정 시기1934~1935에도 마오쩌둥은 항상 책을 가지고 다니며 책 읽기를 게을리 하지 않았다.

군대 일등병 시절 월급이 9원이었을 때 식사비 2원을 제외한 나머지 돈으로는 신문과 간행물을 샀다. 그는 호남성 도서관에서 책을 읽기 위해 하루도 빠지지 않고 3킬로미터나 되는 길을 왕복하기도 했다.

"내가 평생 가장 좋아한 것은 독서였다. 밥은 하루 안 먹어도 괜찮고 잠은 하루 안 자도 되지만 책은 단 하루라도 읽지 않으면 안 됐다."

일찍이 마오쩌둥이 한 말이다.

혁명기지 연안延安 시절에 마오쩌둥이 읽은 책들은 온갖 풍상을 다 겪었지만 지금까지 잘 보존되어 있다.

마오쩌둥의 독서 원칙은 철저했다.

먼저, 세 번 반복해 읽고 네 번 익히라는 '삼복사온三復四溫' 독서법을 지켰다.

그다음, '붓을 움직이지 않는 독서는 독서가 아니다'라는 원칙을 지켰다.

책에서 얻은 지식을 실생활에 연계시킨 마오쩌둥은 청년 시절에 고대 중국의 역사서인 『사기史記』와 『한서漢書』 등의 고전을 가까이했으며, 나이가 들어서도 고전을 손에서 놓지 않았다. 수많은 고전을 읽고 또 읽었던 것이다.

마오쩌둥은 한 번 읽은 책의 겉표지에 동그라미 같은 기호를 그리는 습관이 있었는데 현재까지 전해지는 그가 소장했던 책에는 두 번 또는 세 번 읽었다는 표시가 그대로 남아 있다. 어떤 책에는 날짜와 시간까지 명확히 기록되어 있다. 서로 다른 시간에 여러 차례 읽고 남긴 또렷한 기록들인 것이다. 이러한 열렬한 독서가 바탕이 되어 마오쩌둥은 스스로를 가치 있는 인간으로 성장시켜 중국 대륙을 통일하는 지도자가 되었던 것이다.

지금껏 인간이 만들어 낸 발명품 중 최고의 것은 단연 책이다.

"우리 인간이 이 세상에서 만들어 놓은 것 중에 무엇보다도 값지고 소중하며 경이로운 것은 책이다."

근대 영국의 역사가 토마스 칼라일1795~1881이 책을 극찬하며 남긴

| 전쟁 중에 책을 읽는 모택동 |

말이다.

"책은 문명의 전달자이다. 책 없는 역사는 침묵하고 문학은 벙어리이고 과학은 절름발이이며 사상과 사색은 정체된다. 책이 없었다면 문명의 발달은 불가능했을 것이다. 책은 변화의 동력이고 세상을 내다보는 창문이며 시간이라는 바다에 세워진 등대이다. 책은 동반자이고 스승이고 마술상이며 마음의 보물을 관리하는 은행가이다. 인류를 인쇄하는 것, 그것이 바로 책이다."

역사학자인 바버라 터그만이 내린 책의 정의이다.

한마디로 책은 우리가 무엇을 이루고 어떤 인간이 되는 데 가장 유익한 길잡이인 것이다. 우리는 책을 통해서 과거를 배우고 미래에 대한 그림을 그린다. 또한 남의 경험을 내 지식으로 만든다. 이렇듯 책은 하나의 세계이자 과거의 사람과의 만남이다.

나보다 먼저 살았던 사람들이 터득한 인생의 원칙과 진리를 우리는 책을 통해 얻는 것이다. 따라서 책을 읽는다는 것은 자신의 인생을 스스로 만들어 나가는 과정인 것이다. 어린아이의 미숙한 삶을 어른의 성숙한 삶으로 스스로 변화시키는 것이다.

책은 때가 지난 지식으로 여길 수 있다. 그 결과 원하는 정보를 빠르고 손쉽게 얻을 수 있는 인터넷 시대에는 책이 외면당하기 쉽다. 하지만 인터넷과 스마트폰 시대일수록 독서는 더욱 중요하다. 분명히 몇 번의 터치만으로 다양한 정보와 지식을 얻을 수 있다. 하지만 깊은 사유의 힘은 오직 독서를 통해서만 얻을 수 있다. 또한 독서는 읽기 능력을 완성하는 단계이다.

읽기는 공부와 삶을 좌우하며 모든 학습은 읽기에서 시작한다. 내면성의 행위인 독서의 목표는 단순한 정보의 소비가 아니다. 독서는 자아와의 만남을 주선하는 행위인 것이다.

인생에서 최고의 즐거움은 책 읽기의 즐거움이다. 그뿐 아니다. 무엇보다 중요한 것은 책으로 자식을 가르치는 일이다. 따라서 책을 읽는 것은 집안을 일으키는 근본이라고 할 수 있다.

사람은 책을 만들지만 사람을 만드는 것은 책이다. 이는 독서를 통해 인격이 완성된다는 뜻이다. 책을 읽는 '독서讀書'는 이렇듯 인격 완성에 가장 기본적인 행위이다. 여기서 독서의 유형을 살펴보자.

읽고 싶은 책은 돈을 모아 사서 읽는다. 이것이 '매서買書'다. 그런데 돈이 없거나 살 수 없으면 빌려서라도 읽는데, 이것을 '차서借書'라고 한다. 누군가 자신이 읽고 싶은 책을 갖고 있는데 살 수도 빌릴 수도 없으면 그 사람을 찾아가 기어이 보고 온다. 이를 '방서謗書'라 한다.

원하는 책을 간직하는 '장서藏書'도 책 좋아하는 사람에게 공통적으로 나타나는 특징이다. 폭넓고 깊은 독서 편력을 바탕으로 책을 저술하는 '저서著書'의 단계로 가는 경우도 적지 않다. 여기에 책의 내용을 간략하게 요약히는 '초서抄書'까지 포함하면 모두 '칠시七書'가 된다.

즉 독서를 바탕으로 매서 – 차서 – 방서 – 초서 – 장서 – 저서로 이어지는 것이다. 바꿔 말하면 독서가 가장 기본인 것이다. 좋은 책을 읽는다는 것은 과거의 가장 훌륭한 사람들과 대화하는 것이다.

그런데 우리나라의 독서 현실은 암울한 편이다. 우리나라 국민의 연평균 독서량은 10권이 채 안 되는 9.9권이다. 선진국 미국은 77권, 프랑스는 71권이고, 가까운 일본도 72권이다. 이웃나라 중국도 31권이다. 자연스럽게 하루 평균 독서 시간도 선진국들은 6.5시간이지만 우리나라의 경우 30분정도이다.

그 나라의 문화의 척도는 독서량이다. 책을 많이 읽는 국가가 바로 문화 대국인 것이다.

인생을 바꾸는 것은 재능이 아니라 독서다. 우리는 우리가 읽는 것으로 만들어진다. 한 권의 책을 읽음으로써 자신의 삶에서 새 시대를 본 사람이 주변에는 많이 있다. 책을 읽는다는 것은 경이로운 세상에 눈을 뜨고 매일매일 세상과 나 자신의 잠재력에 대해 새로운 것을 배우며 정신적으로 한 차원 높은 삶을 살아가는 것이다.

"한 인간의 존재를 결정짓는 것은 그가 읽은 책과 그가 쓴 글이다." 러시아의 문호 도스토예프스키1821~1881가 남긴 말이다.

투자의 귀재인 워런 버핏은 한 분야의 전문가가 되려면 다른 사람보다 책을 다섯 배는 더 읽어야 한다고 했다. 에이브러햄 링컨 대통령1809~1865은 책 두 권 읽는 사람이 책 한 권 읽는 사람을 지배한다고 했다. 그뿐 아니다. 중국 당나라의 시인 두보712~770는 1만 권의 책을 읽으면 글 쓰는 것이 신의 경지에 이르게 된다讀書破萬卷 下筆如有神, 독서파만권 하필여유신고 했다.

책 읽기와 관련해서 한 권의 책만 읽은 사람이 가장 위험하다는 말도 있다. 이는 한 쪽에 치우쳐 잘못된 지식과 아집과 편견이 생길 것을 우려한 말이다.

많은 책을 읽음으로써 서로 다른 의견들을 받아들일 때 스스로 어느 것이 옳은 지식인지를 판단할 수 있는 능력이 생겨난다. 그래서 양서良書든 악서惡書든 가급적 많이 읽는 것이 중요한 것이다.

바쁜 현대에 살고 있는 우리에게 책을 읽을 시간과 공간이 많이 부족한 것은 사실이다.

"나의 창조적 원천에는 대학 시절에 했던 고전 읽기 100권 프로그램이 결정적인 영향을 미쳤다." 애플의 창시자인 스티브 잡스가 한 말이다.

페이스북의 창시자인 마크 주커버그는 고대 그리스와 라틴의 고전 문헌을 원전으로 읽는 것이 취미라고 했다.

IT업계의 기린아인 이 두 사람 모두 독서를 위한 시간과 장소가 마음먹기에 달려 있음을 강조했던 것이다.

독서 시간은 자투리 시간과 이동 시간을 활용하면 많은 도움이 된다. 또한 독서 장소로는 조용한 도서관이라면 좋겠지만 타인으로부터 방해받지 않는 곳, 예를 들면 침실이나 화장실이라도 도움을 받을 수 있다. 사실 가장 진지한 독서는 화장실에서 이루어지기 쉽다. 그곳에선 따로 할 일이 없기에 번잡한 관심에서 해방되어 온전히 책 읽기에 몰입할 수 있기 때문이다.

"화장실은 아무런 방해도 받지 않고 책을 읽을 수 있을 은밀한 공간이다."

성聖 그레고리우스의 말이다.

"나의 훌륭한 독서는 화장실에서 이루어졌다."

미국의 현대 문학을 대표하는 작가였던 헨리 밀러1891~1980가 한 말이다.

독서에서는 양서를 고르는 것 못지않게 중요한 것이 책을 어떻게 읽는가였다. 이른바 독서법을 강조한 것이다. 정독精讀과 다독多讀 중에 어느 것이 독서의 바른 태도일까?

책을 접할 때마다 묻는 질문이다. 어려운 질문이다. 하지만 답은 의외로 간단하다.

정독할 책은 정독하고 다독할 책은 다독하면 된다.

정독과 다독 그리고 궁리와 결단의 줄타기가 인생이기 때문이다.

독서의 방법도 세대에 따라 다르다.

"어릴 때는 입으로 읽는 독서가 주를 이루고誦書, 염서, 젊은 날에는 눈으로 보는 독서가 주를 이루며看書, 간서, 노년기에는 귀로 듣는 독서聽書, 청서가 주를 이룬다."

중국의 문장가 오강이 한 말이다.

현대 중국의 문인인 임어당1895~1976은 청년 시절에 책을 읽는 것은 문틈으로 달을 바라보는 것 같고 중년 시절에 책을 읽는 것은 자기 집 뜰에서 달을 바라보는 것과 같으며, 노년에 이르러서는 읽는 책은 창공 아래 노대에 서서 달을 바라보는 것과 같다고 했다. 나이가 들면서 독서 방법도 달라진다는 것이다.

마오쩌둥의 독서법도 시사하는 바가 크다. 이른바 사다四多 독서법이다.

많이 읽고多讀 많이 베껴 쓰고多寫 많이 생각하고多想 많이 질문하는多問 독서법이다. 나아가 그는 한 권의 책일지라도 삼복사온三復四溫, 세 번 반복해서 읽고 네 번 익히는 독서법을 통해 수많은 책들을 완전히 본인의 것으로 만들었던 것이다.

이처럼 나를 찾는 방법 중에서 가장 쉬운 방법이 바로 독서이다.

높은 산을 등정하는 과정에서 빼놓지 말아야 할 것은 베이스캠프를 설치하는 것이다. 그곳까지는 여러 사람과 장비의 도움으로 어렵지 않게 올라갈 수 있다. 하지만 베이스캠프를 떠나서는 오로지 본인만의 노력으로 정상에 올라야 한다.

이처럼 우리의 삶의 목표를 이루기 위해서는 베이스캠프까지 오르는 것처럼 남의 도움을 받아야 한다. 남의 경험과 지식과 지혜를 최대한 빌리는 것이다. 독서가 바로 이와 다르지 않다. 더 많은 책을 읽고 다른 사람들의 경험과 지식을 익혀 나를 찾아내야 한다. 독서를 통해 나만의 미래를 만들어야 하는 것이다.

〈독서에 관한 격언〉

1. 독서란 자신의 머리로 생각하는 것이 아니라 타인의 머리로 생각하는 것이다 : 쇼펜하우어

2. 독서와 마음과의 관계는 운동과 몸과의 관계다 : 스틸

3. 독서는 뇌가 새로운 것을 배워 스스로를 재편성하는 과정에서 탄생한 인류의 기적적인 발명이다 : 매리언 울프

4. 독서는 충실한 인간을 만들고 담화는 재치 있는 인간을 만들며 필기는 정확한 인간을 만든다 : 베이컨

5. 책을 읽는 것은 책이 말을 걸어오고 우리들의 영혼은 그것에 대답하는 끊임없는 대화이다 : 앙드레 모루아

6. 독서하는 것처럼 값싸고 영속적인 쾌락은 없다 : 몽테뉴

7. 책을 읽는다는 것은 많은 경우 자신의 미래를 만든다는 것과 같다
   : 랠프 왈도 에머슨

8. 책 읽는 습관을 기르는 것은 인생에서 모든 불행으로부터 스스로를 지킬 피난처를 만드는 것이다 : 서머싯 몸

9. 독서는 인간을 정신적으로 충실하고 심오하게 해줄 뿐만 아니라 영리한 두뇌를 만들어준다 : 벤자민 프랭클린

How
우리는 어떻게 만났는가?

01

소중한 인연 - 우리

어리석은 사람은 인연을 만나도 몰라보고, 보통 사람은 인연인 줄 알면서도 놓치고,
현명한 사람은 옷깃만 스쳐도 인연을 살려낸다 — 피천득

처칠과 페니실린

부유한 귀족의 아들이 시골에 갔다가 수영을 하려고 호수에 뛰어들었다. 그러나 발에 쥐가 나서 수영은커녕 물에 빠져 죽을 것만 같았다. 귀족의 아들은 살려달라고 소리쳤고 그 소리를 들은 농부의 아들이 귀족의 아들을 구해주었다.

귀족의 아들은 자신의 생명을 구해준 시골 소년과 친구가 되었다. 둘은 서로 편지를 주고받으며 우정을 키웠다. 어느덧 13살이 된 시골 소년이 초등학교를 졸업했다. 하루는 귀족의 아들이 시골 소년에게 물었다.

"넌 커서 뭐가 되고 싶니?"

"의사가 되고 싶어. 하지만 우리 집은 가난하고 애들도 9명이나 있어서 집안일을 도와야 해…."

귀족의 아들은 가난한 시골 소년을 돕기로 결심하고 아버지를 졸랐다. 마침내 귀족의 아들은 시골 소년을 런던으로 데리고 올 수 있었다. 런던에 온 소년은 런던의 의과대학에 다니게 되었고 그 후 포도당 구균이라는 세균을 연구하여 '페니실린'이라는 기적의 약을 만들어냈다.

그가 바로 1945년 노벨의학상을 받은 알렉산더 플레밍Alexander Fleming, 1881~1955이다. 그의 학업을 도운 귀족 출신 소년은 정치가로 뛰어난 재능을 보이며 26세의 어린 나이에 국회의원이 되었다. 그런데 이 젊은 정치가가 나라의 존망이 달린 전쟁 중에 폐렴에 걸려 목숨이 위태롭게 되었다.

그 시절 폐렴은 불치병에 가까운 무서운 질병이었다. 일단 걸리면 죽는 것이나 다름이 없었다. 그러나 플레밍이 만든 페니실린이 급송되어 젊은 정치가는 생명을 건질 수 있었다.

이렇게 시골 소년이 두 번이나 생명을 구해준 귀족 출신 소년이 20세기에 들어 두 차례의 세계대전을 거치면서도 민주주의를 굳게 지킨 영국의 정치가 윈스턴 처칠1874~1965이다.

어릴 때 우연한 기회로 맺은 우정이 평생 동안 계속되면서 이 두 사람의 삶에 빛과 생명을 주었던 것이다.

훗날 영국 총리가 된 부유한 귀족의 아들 처칠이 어린 시절 시골에서 우연히 알게 된 가난한 농부의 아들을 무시했더라면 시골 소년은 의사도 되지 못하고 페니실린도 만들 수 없었을 것이다. 또한 처칠도 폐렴으로 목숨을 잃고 말았을 것이다.

귀족 소년과 시골 소년의 깊은 우정 때문에 농부의 아들은 의사가

| 물에 빠진 아이를 구하는 소년 |

되어 노벨의학상을 받을 수 있었고, 귀족 소년은 전쟁 중에 나라를 구하고 민주주의를 지킨 총리가 될 수 있었다.

"인간은 인연으로 엮어 만든 하나의 매듭이자 망이요 그물이다. 중요한 것은 이런 인연들뿐이다."

프랑스 출신의 대문호인 생텍쥐페리1900~?가 인연의 중요성을 강조하며 한 말이다.

인생의 변화는 아주 우연한 만남을 통해 시작된다. 우리가 우연으로 믿고 있는 많은 것들은 우연이 아닌 평소 우리의 생각으로 인하여 나타날 수밖에 없는 필연일 수도 있다. 우연은 필연이 되고 필연은 운명이 된다. 인생에서 제일 중요한 것은 만남이다.

"인생은 너와 나의 만남이다."

독일의 문학자 한스 카로사1878~1956가 한 말이다.

인간은 만남의 존재이다. 산다는 것은 만난다는 것이다. 인생이란 부모와의 만남, 스승과의 만남, 친구와의 만남, 좋은 책과의 만남, 많은 사람과의 만남들의 연속이다. 그래서 인간의 행복과 불행은 만남을 통해서 결정된다.

여자는 좋은 남자를 만나 결혼해야 행복하고 남자는 좋은 여자를 만나 결혼해야 행복하다. 학생은 훌륭한 스승을 만나야 실력을 키울 수 있고 스승은 뛰어난 제자를 만나야 가르치는 보람을 얻을 수 있다. 자식은 부모를 잘 만나야 하고 부모는 자식을 잘 만나야 한다. 씨앗은 땅을 잘 만나야 하고 땅은 씨앗을 잘 만나야 한다. 백성은 왕을 잘 만나야 하고 왕은 백성을 잘 만나야 훌륭한 인물이 된다.

우연한 만남이든 섭리적 만남이든 인생에서의 만남이 모든 것을 결정한다. 우리의 인생에서 만남이 중요한 것이다. 따라서 우리는 인연을 소중히 해야 한다. 인연을 소중히 여기는 자에게 삶은 아낌없는 사랑을 선물하기 때문이다.

우리는 태어나면서부터 수많은 인연에 기초한 관계를 맺으면서 살아간다.

인연이라고 하면 흔히 '고향이 같은 사람' '같은 학교를 나온 사람' '같은 종류의 일을 하는 사람'이라는 정도로 생각하기 쉽다. 누구나 태어나면서 자연스레 혈연血緣의 울타리 속에서 보호받고 좀 더 자라서는 지연地緣이라는 공통분모를 갖게 된다. 학교에 들어가면 학연學緣이라는 것을 얻게 된다. 군대에 다녀온 사람은 군대 인맥도 형성하게 되고 사회에 나와서는 사회의 인맥을 형성하며 살아가기 때문이다.

가족, 일가친척, 친구, 이메일 계정을 포함해 연락처가 있는 사람,

성탄카드 대상, 종교단체에서 만난 사람, 직장동료, 아는 의사, 이발사, 운동 또는 여행을 함께 하는 사람들, 식당종업원, 상인, 은행원, 슈퍼마켓에서 만난 사람, 집을 수리해준 기술자, 각종 모임가입자, 파티에서 만난 사람 등이 우리가 주변에서 흔히 맺게 되는 사람들의 면면이다.

그런데 실제 생활에서 인연이 쓰임새 있는 인맥으로 발전되기란 쉽지 않다. 인맥으로 형성될 확률은 의외로 적다. 그 수치는 머릿속에 떠오르는 수의 절반 정도라고 보면 정확하다. 얼굴 정도만 아는 사이를 인연이라고 한다면 도움을 주고받을 수 있는 사이가 인맥인 것이다. 그렇다고 무작정 만난 사람의 숫자가 전부 인맥에 포함되는 것도 아니다.

인맥의 넓이란 자신의 영혼을 송두리째 뒤흔들어 놓은 사람과 만나는 경우를 숫자로 나타낸 것이다. 이런 인맥은 기다리면 저절로 생기는 것이 아니다. 작은 파문이 점점 크게 번지듯이 번지는 것이 인맥인 것이다.

사람들과의 관계를 잘 맺는 것은 행복한 삶을 위해 무엇보다 중요한 요소이다. 하지만 많은 이들이 어려워하는 문제이기도 하다. 그것이 어려운 것은 대부분의 사람들이 상대방이 아니라 자신을 앞세우기 때문이다.

상대에 대한 기대의 벽을 허물고 상대방의 좋은 점만 보려고 할 때 상대방은 마음의 문을 열어줄 것이다. 쓸데없는 걱정보다는 잘될 것이라는 믿음과 낙관이 걱정의 감옥 문을 시원하게 열어젖힐 것이다.

지나간 과거보다는 현재의 나를 사랑하고 현재를 즐기는 데서 향수의 감옥을 벗어나는 열쇠가 작동을 할 것이다. 그렇다면 다른 사람을 미워하면서 내가 더 괴로워해야 하는 증오의 감옥 문도 어떻게 마음을 먹는가에 따라 시원하게 열릴 것이다.

하지만 우리는 소중한 사람을 잃은 후에야 후회를 하고 스트레스와 고통에 시달린다. 특히 가까이 지낸 사람들과의 이별은 사람을 더욱 힘들게 한다. 나의 관심이 그들을 귀찮게 하지는 않았는지 짜증나게 하지는 않았는지 힘들게 하지는 않았는지 살펴야 한다.

인간관계의 사소한 문제점들은 그때그때 바로바로 드러나지 않는다. 사람들이 속마음을 잘 드러내지 않기 때문이다. 하지만 사소한 것들이 쌓여 한꺼번에 터지면 그땐 돌이키기 힘든 상황이 된다. 아무리 개인적인 능력이 뛰어나더라도 인간관계가 원만하지 않다면 행복한 삶을 살기 어려운 것이다.

소중한 사람을 위해 하루에 단 30초만이라도 그 사람에게 관심을 가지는 건 어떨까?

그를 생각하든 그를 지켜보든 그의 이야기를 듣든 어떤 방식으로든 단 30초 동안만 그 사람에게 관심을 가지는 것이다. 그 짧은 시간의 관심은 그 사람에 대한 나의 배려로서 감사의 마음을 넘어 더 큰 감동으로 확산될 것이다.

당신을 좋아하게 만드는 7가지 방법이 있다.
첫째, 타인에 대해서 진심으로 관심을 갖는다.
둘째, 타인에게 미소를 짓는다.

셋째, 어떤 언어로 되어 있든 자신의 이름이 이 세상에서 가장 감미롭고 중요하게 들린다는 사실을 명심하게 한다.

넷째, 상대방의 말에 귀를 기울인다.

다섯째, 상대방으로 하여금 자신에 대해 이야기하게 고무시킨다.

여섯째, 상대방의 관심 측면에서 이야기를 한다.

일곱째, 상대방으로 하여금 자신이 중요하다고 느끼게 만든다.

인맥은 노력과 비용과 시간과 배려의 산물이다. 인맥을 만들고 싶다면 우선 스스로 강렬하게 원해야 한다. 인맥은 본인이 하기 나름이다. 만난다고 인맥이 형성되는 것은 아니다.

대부분의 경우에 상대방이 먼저 호감을 표시해야만 반응을 보인다. 따라서 기다릴 것이 아니라 당신이 먼저 호감을 표시해야 한다.

인맥을 넓히는 데에 가장 큰 덕목은 부지런함이다. 부지런해야 생기는 게 바로 인맥인 것이다. 이를 위해서는 첫째 자기계발에 부지런해야 한다. 둘째, 타인과의 연락에 부지런해야 한다.

성격만 좋다고 마당발이 되는 것이 아니다. 무엇보다 상대를 배려하는 마음과 의리와 노력이 많은 사람 사이에서 인정받고 사랑받는 마당발이 되어야 한다.

인간관계의 시작이 근면이라면 마무리는 관리이다.

일기일회一機一會라는 말이 있다. 어리석은 사람은 인연을 만나도 모른다. 보통 사람은 인연을 알고도 살리지 못한다. 하지만 현명한 사람이라면 소매만 스쳐도 인연을 살려낸다.

"약자는 기회를 기다리지만 강자는 기회를 만든다."

근대 영국의 철학자 프랜시스 베이컨1561~1626이 한 말이다.

사람들이 기대하는 것보다 더 많은 것을 주면 당신이 기대한 것보다 더 많은 것을 얻을 수 있다.

인간관계란 실제로 만나서 이야기를 한 횟수가 아니라 진지한 만남의 횟수이다.

다이아몬드는 여러 번 깎을수록 더욱 광채가 난다. 그런데 사람은 본인을 버릴수록 빛이 난다. 따라서 주변에 많은 사람이 모이게 된다. 김밥은 매끈하게 썰어진 몸뚱이 것보다 맨 끝 자투리가 푸짐하고 맛있다. 사람도 이와 다르지 않다. 지나치게 완벽을 추구하고 매끈하면 인간미가 덜하기 쉽다. 어딘가 허술한 구석도 있고 솔직한 사람이 더 인간적이고 매력이 있는 법이다.

특별한 기회가 당신의 눈앞에 나타나기만을 기다리면 안 된다. 평범한 모든 기회를 움켜잡아 당신의 손 안에서 특별하게 바꾸어야 한다. 소극적인 사람들의 대부분은 인맥을 만들지 못하는 이유를 성격 탓으로 돌린다. 하지만 성격보다는 자신의 의지에 달려 있는 것이다. 따라서 비록 우연히 만난 인연일지라도 나의 자산이 될 수 있게 만드는 관리가 더욱 중요한 것이다.

〈사람의 마음을 움직이는 법칙〉

1. 우선 칭찬하라.

2. 남의 잘못을 일깨워줄 때는 간접적으로 하라.

3. 상대방에 주의를 주기 전에 자기의 잘못부터 먼저 밝혀라.

4. 명령하지 말고 제안하라.

5. 상대방의 체면을 살려줘라.

6. 작은 일이라도 아낌없이 칭찬하라.

7. 상대방을 신사로 만들려면 그에게 신사 대접을 하라.

8. 격려하라.

9. 상대방이 중요하다는 느낌을 갖게 하라.

02

우리의 핵심 가치는 무엇인가?

1) 인정하라 - 존중

모든 사람이 알아야 할 문제는 "우리가 얼마나 귀중한 존재인가"보다 "어떻게 하면 귀중한 존재가 될 것인가"이다 - 프리덴버그

알람브라Alhambra 궁전

스페인 반도는 732년부터 1492년까지 약 800년간 이슬람 무어 왕조의 지배를 받았다.

스페인의 여성 군주 이사벨 1세1454~1504는 스페인에서 이슬람을 물리치기 위한 전쟁을 시작했다. 그 마지막 전투가 벌어진 곳이 바로 그라나다Granada 지방의 알람브라 궁전이다. 이베리아 반도 남단

그라나다에 '붉은 성채'로 알려진 알람브라 궁전은 무어 왕조의 유스푸 왕이 1323년 완공한 난공불락의 성채였다.

이사벨 여왕이 1491년 대군을 이끌고 먼저 공격했다. 약 8개월간의 치열한 공방 끝에 궁전이 함락됐다.

처음 5개월 동안 무자비하게 맹공을 퍼붓던 스페인의 이사벨 여왕은 성채를 온전히 접수하기 위해 무려 석 달 이상을 기다려야 했다. 이사벨 여왕의 문화 사랑과 전략을 존중해 이슬람 술탄이 스스로 항복을 했던 것이다. 이사벨 여왕은 상대방의 문화를 존중하고 술탄 역시 상대방의 마음을 존중해 마침내 인류의 뛰어난 유산인 알람브라 궁전이 온전하게 보존될 수 있었던 것이다.

마침내 알람브라 궁전은 1984년 세계문화유산으로 지정되어 세계인이 즐겨 찾는 대표적인 관광지가 되었다.

| 알람브라 궁을 포위한 군대 |

중세 유럽뿐 아니라 고대 중국에서도 이와 비슷한 역사적 사실이 있다.

진나라 문공文公, 기원전697~기원전628이 적국을 공격할 때의 일이다. 진문공은 열흘 안에 적국의 항복을 받아내겠다고 부하 장군들과 약속을 했다. 하지만 약속한 열흘 안에 적국이 항복을 하지 않자 철수를 명령했다.

왕이 철수 명령을 내렸는데도 장수들이 이에 반발하여 사흘만 있으면 함락된다면서 철수 명령을 거둘 것을 진언했다. 하지만 진문공은 약속을 정한 이상 더 미룰 수 없다면서 부하들의 진언을 단호하게 거절했다. 이 소식을 들은 상대국 조정은 본인이 한 말에 대한 약속을 지키려는 진문공의 뜻을 존중해 자발적으로 항복했다.

인간성이 잔혹하게 짓밟히는 전쟁터에서도 상대방에 대한 존중은 필요한 것이다. 이처럼 서로에 대한 존중이 주는 영향은 매우 크다.

진정으로 사람을 잘 다루는 것은 상대방의 인격을 존중하는 데서 출발한다.

자신의 성질에 얽매여 상대방의 자연스럽고 자유로운 성질을 존중하지 않으면 상대방을 이해하기 어렵다. 타인을 존중하고 소중히 하며 넉넉히 용서하는 마음과 타인의 미숙함을 관용하는 아량의 소유자는 많은 사람을 끌어당기는 힘과 능력을 고루 갖추고 있는 사람이다.

예의를 차리는 것이 타인을 존중하는 것이라고 생각하기 쉽다. 하지만 예의로써 존중하는 것은 형식에 불과하다. 타인의 독립적인 성격과 정신적인 자유를 간섭하지 않고 그들의 의견을 존중하는 것,

즉 타인의 생활방식을 존중하는 것이 진정한 존중인 것이다.

"타인을 존중함으로써 자기가 낮아지는 것이 아니다. 오히려 자기를 상대방과 같은 위치에 올려놓는 것이다."

괴테1749~1832가 정의한 존중의 의미이다.

인간은 사회적 동물이다. 따라서 타인으로부터 인정받는 맛에 세상을 살아가는 것이 인간이다. 우리의 삶은 타인으로부터 인정을 받기 위한 투쟁이자 인정 투쟁의 연속struggle for recognition이다.

"인간의 행동을 지배하는 가장 기본적인 원리는 다른 사람의 인정에 대한 갈구다."

미국 철학자 윌리엄 제임스1842~1910의 말이다.

인간이 약점을 갖게 되는 이유는 어떤 행동을 해서라도 다른 이들에게 인정을 받고 존중을 받고 싶은 욕망이 있기 때문이다.

상대방으로부터 인정받기를 원한다면 상대방에게 먼저 자신을 맞출 줄 알아야 한다. 뭔가를 얻어 내기를 원한다면 먼저 주어야 한다. 내가 먼저 주면 반응이 오기 마련이다. 항상 받을 준비만 하지 말고 내가 먼저 손을 내미는 용기를 가져야 한다.

스스로 삶을 즐길 줄 아는 능력과 자기를 존중하면서 다른 사람들을 사랑하는 마음과 좋은 관계를 만들고 유지하는 힘이야말로 행복의 특효약이다. 다른 옷을 입은 사람을 인정하고 어울릴 때 비로소 나란 존재를 인정받을 수 있다. 나와 성격이나 생각이 다른 사람을 받아들이고 존중하는 일은 쉬운 게 아니다.

단순히 너는 너, 나는 나라는 식이 아니라 진심으로 서로의 믿음으로 서로의 다름을 인정할 수 있는 사람이야말로 위대한 사람이다. 나와 전혀 다른 것을 찾아 적극적으로 수용하는 사람이라면 더 위대하다고 할 수 있다. 성공한 사람은 대부분 자신의 존엄성을 인정하고 있으며 자존심을 지키려고 노력한다. 그래서 그들은 자신이 누구이며 어떤 사람인지 분명히 파악하게 된다.

자기 존중은 상호 간에 자긍적인 자세이다. 자기 존중과 타인에 존중하는 마음을 갖는다는 것은 생각처럼 쉽지 않다. 우리는 모두 상처받기 쉬운 내면을 가지고 있다. 우리는 모두 두려움과 걱정을 안고 산다. 우리는 모두 사랑받고 인정받기를 원한다. 서로를 존중하기 위해서는 자기 자신부터 존중할 줄 알아야 한다.

자기 존중감이 높다는 것은 지금까지 자기가 원하는 바를 성취해 왔고 앞으로도 성취할 수 있다는 자신감이 있다는 것이다. 자기 존중감이 높은 사람은 다른 사람보다 자신이 더 낫다는 평가를 하지 않는다. 남을 존중하기 위해서는 먼저 자기 존중이 필요하다.

당신이 누구이며 어떤 인간인지를 분명히 해야만이 당신 스스로를 존중할 수 있고 자존심도 지킬 수 있다. 우리는 스스로 기본적인 자존감을 지킬 권리가 있는 것이다.

본인이 자신을 존중하지 않는데 타인이 어떻게 당신을 존중해 줄 수 있겠는가?

자기를 존중하는 자존심이 자기 수양의 기본이다. 진정한 의미의 자존심은 자기 자신에게 '안 돼'라고 말할 수 있을 때 지켜지는 것이다.

자존감은 사회적 효율성을 높인다. 자존감이란 타인들의 존경에 의해서 즉 자신이 타인들로부터 존중받음을 느낌으로써 형성되는 것이다. 만약 타인으로부터 존중받지 않는다면 그의 목적은 실현되기 어려울 것이다. 따라서 자신의 자존을 위해서는 서로 친절하고 서로 존중하는 모습을 인정하게 될 것이다. 스스로를 존중하는 사람은 타인을 존중하게 되며 타인을 존중하는 사람은 자신도 존중하게 된다.

우리의 존중은 타인들의 존경에 달려 있다. 우리의 노력이 타인들로부터 존중받는다는 느낌을 가져오지 않는다면 우리의 목적이 실현할 만한 가치가 있다는 신념을 견지하기가 어렵게 된다. 그 때문에 당사자들은 서로에게 친절하게 대하며 특히 타인들의 요구를 물리칠 때에 기꺼이 자기들의 행위의 근거를 설명할 것을 요구하는 상호 존경의 의무를 받아들일 것이다. 나아가 우리는 스스로를 존중하는 사람들은 상대방도 쉽게 존중하며 타인을 존중하는 사람들은 자신도 존중하게 된다고 생각하게 될 것이다.

자기 자신을 존중하는 것처럼 상대방을 존중하자. 상대방이 나에게 해주기를 원하는 것을 상대방에게 해줄 수 있는 사람이야말로 진정한 사랑을 아는 사람이다. 이 세상에 그 이상 가치 있는 것은 없다. 이것이 최상의 처세술이라고 할 수 있다. 상대방을 존중할 줄 아는 사람이야말로 진정 아름다운 사람이다.

나의 자유가 소중하듯이, 남의 자유도
나의 자유와 똑같이 존중해 주는 사람

남이 실수를 저질렀을 때 자기 자신이
실수를 저질렀을 때의 기억을 떠올리며
그 실수를 감싸 안는 사람

남이 나의 생각과 관점에 맞지 않다고 해서
그것을 옳지 않은 일이라 단정 짓지 않는 사람

나의 사랑이 소중하고 아름답듯
그것이 아무리 보잘것없이 작은 것이라 할지라도
타인의 사랑 또한 아름답고 값진 것임을 알고 있는 사람

잘못을 저질렀을 때는
'너 때문에'라는 변명이 아니라
'내 탓이야'라며 멋쩍은 미소를 지을 줄 아는 사람

기나긴 인생길 결승점에
일등으로 도달하기 위해 다른 사람을 억누르기보다는
비록 조금 더디 갈지라도 힘들어하는 이의
손을 당겨주며 함께 갈 수 있는 사람

받은 것들을 기억하기보다는
늘 못 다 준 것을 아쉬워하는 사람

그런 사람이 참으로 아름다운 사람입니다

〈존중에 관한 격언〉

1. 나는 누구이건 간에 사람의 권리를 짓밟는 사람은 절대로 존경하지 않는다 : 랠프 잉거솔

2. 오랜 경험이 나에게 가르쳐 준 교훈이 적어도 한 가지 있다. 상대방이 유쾌하지 않은 말을 할지라도 그것을 싫어하지 말고 도리어 적극적으로 그것을 받아들이고 조금이라도 상대방의 의견을 존중하고 있다는 것을 표현하는 것이다. 그렇게 하면 상대방도 나의 의견을 존중한다 : 벤자민 프랭클린

3. 우리가 어떤 이를 존중한다고 해서 그를 항상 사랑하는 것은 아니다. 그러나 어떤 이를 사랑한다는 것은 그를 존중한다는 의미를 늘 내포하는 것이다 : 크리스틴 드스웨드

4. 모든 사람을 평등하게 대하면 다른 사람도 그를 우호적으로 대하고 모든 사람을 존경하면 다른 사람도 그를 똑같이 존경한다. (愛人者, 人恒愛之. 敬人者, 人恒敬之) : 맹자

5. 사람이 우스꽝스럽게 보이거나 초라해 보이더라도 우리는 그 사람의 인격을 존중해야만 한다. 왜냐하면 사람의 영혼이란 누구나 같기 때문이다 : 쇼펜하우어

6. 우리가 타인을 인정하는 것은 자기와 공통된 것을 타인에게서 느끼기 때문이다. 누군가를 존경한다는 것은 그 사람을 자기와 동등하게 보는 것일지도 모른다 : 라 브뤼에르

7. 교육의 비결은 학생들을 존중하는 데 있다 : 랠프 월도 에머슨

8. 자기 혼자 잘나기를 원하는 사람은 남의 결점을 꼬집고 싶어한다. 남의 인격을 존중할 줄 모르면서 덮어놓고 남의 결점만을 들추고자 하는 사람은 자신의 발전을 기하지 않는다 : 라 로슈푸코

9. 타인에 대한 존중은 처세의 제1조건이다 : 아미엘

2) 이해하라 - 배려

성공의 비결은 다른 사람의 입장을 이해하고 자신의 입장과 아울러 상대방의 입장에서 세상을 볼 줄 아는 능력이다 - 헨리 포드

구멍 난 보트

한 남자가 작은 보트 한 척을 가지고 있었다. 그는 여름이 되면 가족들을 보트에 태우고 호수로 나가 낚시를 하면서 즐거운 시간을 보내곤 했다.

"애들아, 재미있니?"

"예! 아빠. 진짜 재미있어요!"

가족은 행복하고 즐거운 시간을 보냈다.

여름이 지나고 보트를 끌어 올렸더니 보트 바닥에 작은 구멍이 나 있었다.

남자는 올해는 다 지났으니 페인트칠만 해놓고 내년에 고치겠다고 생각했다.

겨울이 가고 다시 여름이 왔다.

"빨리 보트 타러 가요!"

아이들이 아빠를 졸랐다.

"아빠, 바쁘거든."

아빠는 아이들과 놀아줄 시간이 없었다.

"그럼, 우리 둘이 조심해서 탈게요."

아이들은 너무나 보트가 타고 싶었다.

보트 바닥에 구멍이 난 사실을 까맣게 잊고 있던 남자가 아이들에게 보트를 타는 것을 허락했다.

두어 시간 지났다. 일을 마친 남자는 보트에 구멍이 나 있다는 것이 그제야 생각났다.

남자는 어린아이들이 수영을 하지 못하기 때문에 큰 사고가 났을 것이라며 안절부절 못했다. 남자는 앞뒤 가리지 않고 호수로 달려갔다. 호수에 도착해 보니 아이들은 무사히 보트를 타고 돌아와 보트를 물 밖으로 끌어 올리고 있었다.

남자가 아이들을 품에 끌어안았다. 잠시 후 배를 보았더니 구멍이 말끔히 수리된 상태였다.

남자는 궁금했다. '누가 수리를 해 놓았지?'

지난겨울 페인트칠을 부탁했던 페인트 작업 인부가 생각이 났다.

남자는 페인트 작업 인부를 찾아가 감사의 표시를 하면서 사례금을 내놓았다.

"이게 뭡니까?" 페인트 작업인부가 물었다.

아이의 아빠가 그간의 사정을 설명했다.

"페인트칠을 하는데 보트 바닥에 구멍이 있길래 손을 본 것뿐입니다. 그 돈은 받을 수 없습니다."

이야기를 들은 작업 인부가 정중하게 사례금을 거절했다.

작업 인부의 작은 배려가 어린 두 아이의 생명을 구한 것이다.

위의 일화는 유대교의 성전인 『탈무드』에 나오는 이야기이다.

신과 가장 닮은 인간의 특성의 하나로 자비심을 든다. 사랑, 친절,

| 보트에 난 구멍을 수리하는 페인트 공 |

배려 그리고 관대함으로 표출되는 진실하고 아름다운 인간의 내면
의 힘이 바로 자비심이다.

나보다 상대방을 먼저 생각하는 마음이 배려이다. 누구나 배려보
다는 이기적인 마음이 먼저 들 때가 많다. 배려를 하면 언뜻 자신이
손해를 볼 것 같다. 하지만 배려를 통해 사람다운 삶을 살고 인생을
풍요롭게 할 수 있다. 사랑을 받고 싶다면 먼저 다른 사람을 배려할
줄 알아야 한다.

그런데 우리나라 청소년의 남과 함께 사는 능력이 36개국 중에 35
등이라는 조사 결과가 있었다. 또한 부모가 아이에게 남에 대한 관
용과 배려를 가르치겠다는 의지는 62개국 중에 꼴찌라는 결과도 있
었다. 이것이 세계 최고 교육 수준을 가졌다는 우리나라의 현실이
다. 우리나라 사람이 관용과 배려가 무엇인지 모르는 것은 아니다.
살기가 팍팍하다는 이유 때문에 우리가 그런 사회를 만든 것이다.

원활한 사회생활을 위한 예의범절의 바탕에는 상대에 대한 배려가 깔려 있다. 그래서 상대에 대한 배려를 깨닫게 하는 것이 교육의 첫 걸음인 것이다. 배려하는 마음은 곧 그 사람의 마음을 얻게 되고 당장은 손해 볼 것 같지만 더 큰 배려로 돌아온다는 사실을 잊지 말아야 한다.

냉정한 비즈니스 세계에서도 작은 배려로 크게 성공한 사례는 많다. 그중에서도 세계 최고의 호텔 사장이 된 조지 볼트(George Bolt)와 백화점 중역이 된 필립(Phillip)의 사례는 대표적이다.

폭우가 쏟아지는 밤이었다.

노부부가 차를 몰고 가다가 어두워져 근처의 허름한 호텔에 들렀다. 마침 그 호텔에는 남은 객실이 없었기 때문에 종업원은 노부부에게 정중히 거절하고 다른 곳을 찾으라고 하면 될 것이었다. 그런데 직원은 그렇게 하지 않았다. 부근의 호텔을 수소문한 결과 빈방이 없는 것을 확인한 직원은 노부부에게 자신이 사용하는 방을 내주었다.

다음날 노부부가 직원에게 방값을 지불하려고 했다. 하지만 직원은 노부부가 묵었던 방이 객실이 아니었다면서 숙박료를 받지 않았다.

2년이 지났다. 직원은 뉴욕 왕복 항공권이 들어 있는 초대장을 받았다. 뉴욕에 도착한 직원은 어마어마하게 큰 호텔 입구에서 자신을 기다리는 2년 전의 노부부를 보았다. 노부부는 직원을 위해서 이 호텔을 지었다면서 직원에게 호텔의 경영을 맡겼다.

월도프 아스토리아 Waldorf Astoria 호텔이 바로 그 호텔이다. 그리고 호텔의 초대 사장이 된 이는 과거에 허름한 호텔의 직원이었던 조지 볼트였다. 타인을 배려한 조지 볼트의 성품이 행운의 문을 열어준 것이다.

한 할머니가 비틀거리며 백화점 안으로 들어왔다. 온몸은 흠뻑 젖어 있었다. 비에 젖은 노인의 모습을 보고도 많은 종업원들은 외면했다. 할머니의 옷차림이 누추했기 때문이다.

이때 필립이라는 젊은이가 할머니에게 친절하게 다가가 말했다.

"도와드릴 일이라도 있습니까?"

할머니는 웃으며 대답했다.

"괜찮아요. 잠깐 비를 피하고 갈 거예요."

할머니는 백화점을 돌아보기 시작했다. 비만 피하는 것이 미안했기 때문이다. 뭐라도 하나 사면 마음이 편하지 않을까 하는 생각이 들었던 것이다.

할머니의 표정을 살피던 필립이 다가와서 말했다.

"할머니, 편히 계세요. 물건 같은 건 안 사셔도 됩니다. 여기 의자에 앉아서 쉬세요."

두 시간쯤 지났을까. 비가 그쳤다.

할머니는 다시 한 번 필립에게 고맙다는 인사를 하면서 명함 한 장을 달라고 했다.

몇 달 후 백화점 사장 제임스가 편지 한 통을 받았다. 그 할머니가 쓴 편지였다. 편지에는 필립을 스코틀랜드로 파견하여 한 성루를 장식할 주문서를 받아오게 할 것과 필립에게 카네기그룹 소속 대기업들이 다음 분기에 쓸 사무용품 구매를 맡기겠다는 내용이 적혀 있었다.

그 할머니는 당시 미국의 억만장자 강철왕 카네기Carnegie, 1835~1919
의 어머니였던 것이다.

백화점 사장 제임스는 입을 다물지 못했다. 계산해보니 편지 한
통이 가져다 줄 수익이 백화점의 2년간 벌어들일 이윤의 총액을 웃
돌았던 것이다. 제임스는 바로 필립을 회사의 이사회에 추천했다.
스코틀랜드로 가는 비행기에 오른 이 스물두 살의 젊은이는 이미 백
화점의 중역이 되어 있었다.

이렇게 순수한 배려는 대가를 바라는 선행이 아니다. 하지만 선행
은 나중에 더 큰 행운을 가져다준다.

좁은 길을 둘이 나란히 갈 수는 없다. 그럴 때 서로 우기면 둘 다
가지 못한다.

이럴 때는 한 걸음씩 멈춤으로써 타인을 먼저 가게 할 줄 아는 배
려를 해야 한다.

우리 주위에는 얼마든지 베풀 수 있는 작은 배려들이 수없이 많다.

남편 없이 홀로 아이를 키우는 여인이 있었다.

어느 날 그녀는 구겨진 돈 1만 원을 들고 분유를 사기 위해 동네
모퉁이 구멍가게에 갔다. 여인은 분유를 들고 계산대에 섰다. 주인
은 1만 6000원이라고 했다. 돈이 1만 원밖에 없는 여인은 힘없이 돌
아섰다. 주인은 분유를 제자리에 올려놓았다.

그런데 곧바로 주인이 분유통을 슬며시 떨어트리는 것이었다. 그
리고는 주인은 돌아서 가는 여인을 불러 세웠다. 주인은 여인에게

찌그러진 분유통은 반값이라면서 여인에게 1만 원을 받고 2000원을 거슬러 주었다.

이처럼 여인은 감사한 마음으로 분유를 얻었고 주인은 8000원에 행복을 얻었다. 여인의 마음을 상하지 않게 하는 주인의 마음에서 작은 천국이 나타났던 것이다.

천국은 동떨어져 있지 않다. 진정한 부자는 재산을 많이 가지고 있는 사람이 아니다. 다른 사람을 배려하면서 스스로의 행복을 누리는 사람이 진정한 부자이다.

어느 건물의 입구에서든 뒤에 사람이 있으면 출입문을 계속 잡아 주는 것. 이것도 작은 배려이다. 누군가가 넘어지면 괜찮은지 다친 곳은 없는지 안부를 묻는 것도 배려이다. 계단을 제대로 올라가지 못하는 사람을 부축해서 함께 올라가는 것도 작은 배려이다.

한자에서 "서恕"는 남을 배려하는 마음이라는 뜻을 담고 있는 글자이다. 뜻풀이를 보면, "서恕"는 如心같은 마음과 같다. 나와 남의 마음을 같이 하는 것이라 할 수 있다. 바꿔 말하면 "서"는 자신의 처지로 미루어 남의 처지를 이해하는 것이다. 배려는 비가 올 때 우산을 들어 주는 것이 아니라 함께 비를 맞는 것이다.

서로 다른 것을 '틀린 것'으로 취급하는 순간에 상처가 자리 잡기 시작한다. 각자의 타고난 개성을 인정하지 않기 때문이다. '다르다'를 '다르다'로 기쁘게 인정하자. 처음 만났을 때의 마음을 올리면 된다. 세월이 흘러 '다르다'가 '틀리다'로 느껴진다면 이전보다 두 배만 배려하는 마음을 갖도록 하자.

배려하는 마음은 나를 행복하게 할 뿐 아니라 우리 사회를 행복하게 해준다. 항상 다른 사람의 처지를 먼저 이해하고 그들을 배려해 주도록 노력하자.

Magic words 9

〈배려에 관한 격언〉

1. 나 자신을 위해서가 아니라 남을 위해 살아야 한다. 그것이 중류층의 도덕이다 : 버나드 쇼

2. 남에게 절대로 우는 소리를 하지 말아야 한다 : 그라시안

3. 남의 흉한 일을 민망히 여기고 남의 좋은 일은 기쁘게 여기며, 남이 위급할 때는 건져주고 남의 위태함을 구하라 : 명심보감

4. 누군가를 이해하고자 한다면 그 사람이 되어야 한다 : 틱낫한

5. 내가 원하지 않는 바를 남에게 행하지 말라 : 공자

6. 사람들은 친절을 통해 서로를 이해한다. : 프랑스 속담

7. 마음을 자극하는 유일한 사랑의 영약은 진심에서 오는 배려다. 남자는 언제나 그것에 굴복한다 : 메난드로스

8. 타인을 위해 사는 삶만이 가치 있는 삶이다 : 아인슈타인

9. 걸어가기 힘든 곳에서는 한 걸음 물러설 줄 알아야 하며, 걸어가기 쉬운 곳에서는 남에게 조금 양보하는 은덕을 베풀도록 노력해야 한다 : 채근담

03

서로를 이해하자!

1) 이심전심以心傳心 - 공감

공감이란 감정은 표현하되 상대방과 상대방의 입장을 뜯어 고치려 하지 않고 그저 함께 있어 주는 것이다 - 앨리스

소년과 노인

어린 소년이 말했다.

"저는 숟가락을 떨어뜨릴 때가 많아요."

곁에 있던 노인이 말했다.

"나도 그렇단다."

소년은 다시 속삭이듯 말했다.

"가끔씩 바지에 오줌도 싸는 걸요."
그러자 노인은 웃으며 말했다.
"나도 그런 걸."
소년은 계속 말했다.
"전 자주 울어요."
노인은 고개를 끄덕이면서 말했다.
"나도 우는데."
소년은 찡그리며 말했다.
"그런데 아무도 나에게 관심도 주지 않는걸요."
그러자 노인은 어린아이의 손을 잡으면서 말했다.
"나는 네가 무슨 말을 하는지 안단다."

| 아이와 노인 |

'당신도 그런 생각을 하고 있었구나!'

공감은 위로가 된다. 그뿐 아니라 격려가 되고 약속으로 이어진다.

공감이라는 말의 기원은 19세기 심리학에서 찾을 수 있다. 그 무렵에 공감은 대상을 알고 이해하기 위한 방법으로서 동작을 따라 하면서 관찰자가 자신의 운동 감각으로부터 어떤 내용을 추론하는 것을 의미했다.

공감은 영어로 empathy다. empatheia는 안을 뜻하는 en과 고통이나 감정을 뜻하는 pathos의 합성어로서 문자 그대로는 안에서 느끼는 고통이나 감정을 의미한다. 결국 공감共感이란 '그럴 수 있겠다' '이해가 된다' '이심전심以心傳心' 등으로 이해할 수 있다. 이런 표현처럼 상대방의 느낌과 감정과 사고 등을 정확히 이해하고 이해된 바를 정확하게 상대방과 소통하는 능력이 바로 공감이다.

연민이란 타인의 감정pathos을 본인이 같이/함께sym-, together)느낀다는 의미로서 empathy와 같은 의미이다. 그런데 empathy와 구별해서 sympathy를 '동정'의 의미로 사용하기도 한다.

동정은 타인의 감정을 유발한 원인을 공유하기보다는 타인이 이미 경험한 감정에 대해 동정심을 느끼는 것을 의미한다. 타인의 심리적 상태를 그 사람의 입장에서 느끼는 것을 통해서 지각하는 방식을 뜻하기도 하며, 문자적인 의미로는 타인에게 "감정을 이입한다"feelinginto는 뜻이다. 이 말은 동감과도 비교될 수 있으며 여기서 동감은 "함께 느낀다"feelingwith는 뜻이다.

동양에도 동병상련同病相憐이라는 말이 있다. 같은 병을 가진 사람들끼리 서로의 처지를 이해한다는 뜻이다. 여기서는 질병만을 뜻하는 것이 아니라 비슷한 처지와 환경을 가리킨다. 한마디로 처지가 비슷하면 비슷한 감정을 느낄 수 있다는 뜻이다. 그런데 공감empathy과 연민sympathy은 혼동하기 쉽다. 타인을 불쌍하게 여기는 감정이 연민이라면 공감은 타인이 느끼는 것을 함께 느끼는 것이다.

어느 날 미술관에서 작품을 감상하는 사람 중에 바닥에 쪼그려 앉아서 그림을 보는 노신사가 있었다. 한 작품만 그러는 것이 아니라 모든 작품을 그렇게 앉아서 보는 것이었다. 게다가 꼼꼼하게 작품을 살피면서 메모까지 하고 있었다. 미술관장이 노신사에게 말을 걸었다.

"선생님, 왜 그렇게 앉아서 작품을 감상하십니까? 어디 불편하십니까?"

쪼그려 앉아 있던 노신사는 일어서면서 웃으며 말했다.

"이곳에서 내일 우리 학교 아이들의 현장 수업을 할 예정입니다. 그래서 제가 아이들 눈높이에서 그림을 감상하고 느낀 점을 메모하고 있었습니다."

그제야 관장은 노신사가 초등학교 선생님이며 그가 그림을 왜 그런 자세로 보려고 했는지 이해할 수 있었다. 전시된 작품들은 어른 중심으로 전시되어 있기 때문에 어린이 눈높이에서는 다르게 보일 수 있기 때문이었다. 노신사는 어른의 시선에서가 아니라 어린이 눈높이에서 보고 느낀 대로 설명해주려고 그와 같은 자세를 취했던 것이다. 내일 전시회를 찾을 어린이들이 느낄 수 있는 공감을 얻기 위해 스스로를 낮춘 것이다.

공감은 서로 힘을 모아서 더 뛰어난 결과를 만들 수 있는 원동력을 제공한다. 또한 사회의 구성원으로 가지는 유대감이라는 감정적인 플러스 요인을 만드는 데 필요한 것이다. 이처럼 상대방이 아프다고 할 때 나도 그 아픔을 느끼면서 그를 이해할 뿐 아니라 그의 행동에 당황하지 않고 적절하게 반응하는 것이 바로 진정한 공감 능력의 발현이다.

본인에 대해 이해하는 것은 상대방을 이해하는 데도 중요하다. 머릿속 이해를 넘어 상대방의 상황을 알고 그의 기분을 함께 느끼고 반응하는 공감을 하는 것이 상대방에게 다가가는 최선의 길 가운데 하나인 것이다.

그렇다면 과연 나는 이러한 공감 능력을 잘 갖추고 있는지 생각해 보자.

따뜻한 사람들만 있는 사회라면 얼마나 좋겠는가. 하지만 수많은 관계 속에서는 이른바 소통불가 이해불가인 사람들이 나오기 마련이다.

그런데 반대로 생각해보자. 과연 나는 타인을 얼마나 이해하고 공감하며 지냈는가? 상대방이 오히려 나에 대해서 소통불가 또는 이해불가로 답답해하고 있지는 않았는가? 빡빡한 현실에 치인 나머지 제 몸 하나 건사하기 힘들다고 상대방이 어떤 상태인지 머리로만 알려고 했지, 외면하지는 않았는가?

시간이 지나고 나이를 먹으면서 타인의 마음을 이해하는 능력이 발달하면 다른 사람의 입장을 배려할 줄 아는 마음이 점점 더 커져야 하는 게 보통이다. 하지만 과연 어른들은 아이들에 비해 공감과 소통을 더 잘하고 있는가?

우리는 뭔가를 배우고 경험함으로써 우리의 인생이 변한다고 느낀다. 또한 이런 감정을 다른 사람들과 공유하고 싶다는 생각을 가지게 된다. 공감은 머리뿐만 아니라 마음으로 듣는 것이다. 상대의 마음과 공감하는 능력이야말로 상대를 이해하는 데 반드시 필요한 덕목이다.

〈마음의 저울〉

마음의 저울로 무게를 체크해야 합니다.

열정이 무거워져 욕심을 가리키는지,

사랑이 무거워져 집착을 가리키는지,

자신감이 무거워져 자만심을 가리키는지,

여유로움이 무거워져 게으름이나 집착을 가리키는지,

자기 위안이 무거워져 변명을 가리키는지,

슬픔이 무거워져 우울을 가리키는지,

주관이 무거워져 독선을 가리키는지,

두려움이 무거워져 포기를 가리키는지.

2) 지금 이 사람 – 관계

세상에서 가장 중요한 사람은 지금 만나고 있는 사람이고 세상에서 가장 지혜로운 사람은 누구에게나 배우는 사람이며, 세상에서 가장 행복한 사람은 누군가를 사랑하고 있는 사람이다 – 잠언箴言

부시맨과 콜라 병

"툭!"

어느 날 하늘에서 아프리카 오지 숲 속에 콜라 병이 하나 떨어졌다. 콜라 병이 떨어진 곳은 가장 원시적인 생활을 하는 아프리카의 부시Bush족들이 사는 곳이었다. 문명세계를 전혀 모르는 부시맨Bush man들은 희한한 물건을 보고 고개를 갸우뚱거렸다.

"뭐할 때 쓰는 물건이지? 대체 어디에 쓰는 거야?"

부시맨들은 부족회의를 열고 물건의 정체에 대해 논의했다. 족장도 물건의 쓰임새를 몰랐다. 부족회의에 참석한 모든 사람들이 물건을 살폈다. 원로조차도 고개를 가로저었다. 맨 끝에 앉아 있던 젊은 부시맨이 말했다.

"이것은 미국 사람들이 물을 담았던 병이라는 겁니다."

족장은 젊은 부시맨에게 지시를 했다.

"그렇다면 자네가 이 물건을 미국 추장대통령에게 돌려주고 다시는 이 물건을 우리의 영토에 버리지 말라고 전하라."

족장의 지시를 받은 부시맨은 고민에 빠졌다. 아무리 족장의 지시지만 어떻게 수천 킬로미터나 떨어져 있는 미국에 가서 대통령을 만날 수 있을지 고민에 빠졌다.

부시맨은 알고 있는 외국인 중에서 미국 사람을 찾았다. 부시맨은 한때 미국 영화를 찍은 경험이 있었고, 미국에 간 적도 여러 번 있었다. 하지만 지금은 그들과 연락할 수 있는 수단이 없었다.

부시맨은 한나절을 걸어 문명세계로 나와 함께 일했던 할리우드 영화제작자에게 전화를 했다.

"안녕하십니까, 마이클, 오랜만입니다. 나, 부시맨이오."

"오! 부시맨, 오랜만이오, 어떻게 지내시나?"

"고향에서 잘 지내고 있소."

"그런데 무슨 일이오?"

"부탁이 있어서 연락을 했소."

영화제작자는 부시맨의 사정을 듣고는 난처했다. 갑자기 그것도 미국의 대통령을 만나게 할 방법이 떠오르지 않았던 것이다. 제작자는 누구를 통해야만 대통령과 연락이 되는지를 알아보기 시작했다.

그는 먼저 백악관에 아는 사람을 찾았다. 문화예술을 담당하는 대통령 보좌관과 연락이 닿은 후에 자초지종을 설명하고 대통령과 면담 일정을 부탁했다. 미국 대통령의 일정은 빠듯했기 때문에 시간을 내기 어려웠다. 그런데 때마침 미국 대통령이 선거 유세차 캘리포니아를 방문한다고 했다. 그때에 일정을 조정해서 부시맨과의 면담이 마침내 성사되었다.

미국 대통령은 면담이 탐탁지 않았지만 세계 여론을 활용하는 차원에서 승낙을 했던 것이다. 이렇게 해서 아프리카 오지의 부시맨이 미국의 대통령을 만나게 되었다. 물론 미국 대통령도 이 만남을 활

| 콜라 병을 들고 하늘을 쳐다보는 부시맨 |

"지구상의 모든 사람들은 단지 여섯 사람만큼 떨어져 있다고 어디 선가 본 적이 있다. 6개 단위만큼 떨어져 있다. 우리와 이 행성에 사는 모든 사람 사이에 미국의 대통령도 이탈리아 베니스 곤돌라 사공도 모든 사람들은 새로운 문이며, 그 문은 다른 세계를 향해 열려 있다. 나와 이 지구상에 사는 모든 사람들 사이는 6개 단위만큼 떨어져 있다."

존 궤어John Guare가 한 말이다.

바꿔 말하면 지구상에 어느 누구도 6단계를 거치면 다 만날 수 있다는 것이다.

이런 논리로 아프리카의 부시맨의 6개의 고리를 통해 미국 대통령을 만날 수 있었다. 첫 번째 고리는 부시맨과 족장, 두 번째는 부시맨 중 미국과 연관이 있는 할리우드 영화사, 세 번째는 그와 미국의 영화감독과의 연결고리이다. 이어서 할리우드 영화감독은 영화계와 연관이 있는 백악관 홍보 수석의 연결고리를 이용했으며 최종 여섯 번째가 백악관의 고리를 활용해 미국의 부시 대통령과 연결을 맺을 수 있었던 것이다.

이처럼 국제적인 연결도 6개 고리라면 연결된다. 국내의 경우라면 그보다 적은 둘 내지 세 개 고리면 누구나 만날 수 있을 것이다.

삶은 만남이다. 만남이 사람을 키우고 사람을 만든다. 만남을 진정으로 소중히 여길 줄 아는 사람이 성공한다. 그리고 우리는 만남으로 형성되는 존재이다. 결국 사람은 만남으로 자란다. 그래서 삶은 '다른 것과의 관계 맺기'라고 할 수 있다. 하지만 사람들은 '서로 다름'을 받아들이기 어려워한다.

자신과 다른 것을 잘 참지 못하고 틀린 것으로 규정하기 쉽다. 또한 상대를 동화시키기 위한 시도를 하기도 한다. 힘이 있는 사람은 힘을 사용하고 나이든 사람은 삶의 연륜을 이용하며 지식이 있는 사람은 지식을 통해 자신과 같은 생각과 같은 행동을 타인에게 강요하는 것이다. 이 과정에서 갈등 관계에 빠지는 경우가 쉽게 발생한다.

사람들과의 관계에서 곤란한 상황이 빚어졌을 때 '멈추고 느끼고 사랑하라'는 주문을 외우는 연습을 하면 도움을 받을 수 있다.

인간관계는 하루아침에 만들어지는 것이 아니다. 인간관계는 노력과 시간의 집적이며 무엇보다도 신용의 집적이라고 할 수 있다. 흔히들 20대는 기체의 시대, 30대는 액체의 시대, 40대는 고체의 시대라고 한다. 아무 형체도 없이 그저 꿈에 부푼 20대를 지나 30대에 들어서서는 무언가를 만들어낼 수 있는 시대가 된다. 40대에는 이미 굳어버려 새로운 관계 형성이 어렵다. 30대에 반드시 형성해야 할 것이 바로 인간관계이다. 하루라도 빨리 시작하면 그만큼 인간관계는 두터워지고 싶어진다.

서양에서는 이성적인 행동을 우선시한다. 법과 규범에 맞게 처신하면 문제가 없는 것이다. 그런데 동양에서는 서양과는 달리 감성적인 것이 더 큰 영향력을 행사한다. 관계 중시가 바로 그것이다. 대표적인 사례가 중국의 경우이다. 중국에서는 모든 것이 '꽌시關係, 관계'로 해결된다.

하루하루의 사회생활에서 우리는 각자의 존재 가치를 확인하기 위해 열심히 살아야 하며 얼마나 많은 희생을 하는지도 알아야 한다. 이 모든 것은 '인간관계'의 산물이다.

인간관계라고 하면 타인과 나의 관계를 떠올리기 쉽다. 하지만 나 자신이 어떤 사람이 되어야 하는지를 먼저 고민해야 한다. 인간관계를 원숙하게 하여 인맥을 온전하게 형성하기 위해서는 먼저 본인을 잘 다스려야 한다. 또한 자신의 이미지를 높이는 데에도 유념해야 한다. 따라서 좋은 인맥을 만들기 위해서는 상대방에게 인간관계를 맺고 싶은 사람으로 비치게 해야 한다.

'격한 감정과 억제력'의 균형을 적절히 유지하는 사람이 인간관계에서 대성한다. 그 성공의 이면에는 눈부신 마음의 준비가 자리하고 있다. 스스로를 단속하는 자기 규율도 그런 준비 가운데 하나가 되는 요소이다.

엄격한 자기 규율의 첫 번째 조건은 신독愼獨으로서 하루에 세 번 자신을 반성하는 것이다. 두 번째 조건은 겸허로서 다른 사람의 의견에 귀를 기울이는 것이다.

성공적인 사람들에게서 찾아볼 수 있는 공통적인 특징 가운데 하나는 바로 '실천하는 능력'이다. 그들은 지도력과 혁신과 천재성과 모험 정신을 온몸으로 실천한 사람들이다. 그 모든 요소를 하나로 묶는 것을 실천에 옮기면 성공에 이를 수 있다.

능숙한 인간관계를 맺기 위해서는 사교의 인사말과 질문하는 테크닉과 정직함을 사교술의 핵심으로 실행해야 한다. 그리고 언제든지 연락할 수 있는 확실한 '연결contact us' 버튼을 만들어야 한다. 통신과 교통의 발달로 인하여 세상 사람들이 더욱 긴밀하게 서로 연결되기 connected 때문이다.

예전에는 독립적이고 분리된 채 일했지만 요즘에는 많은 조직이 팀을 구성해 협업을 한다. 여기에는 서비스산업의 폭발적 성장도 한몫했다. 또한 손님과 고객이 얼마나 혜택을 받는지도 관건이다. 이런 환경의 조성에 소셜미디어social media도 힘을 보태는 것이 오늘날의 현실이다.

컴퓨터는 디지털 시대의 총아이다. 이를 통해서 사람들은 인터넷 세상과 접속을 한다. 인터넷은 더 이상 새로운 사회현상이 아니며 단순한 정보의 바다도 아니다. 강력한 여론 집단이자 새로운 유행이 만들어 지는 곳이며 엄청난 부가 생산되는 곳이 바로 인터넷 세상이다. 그런데 인터넷 안에도 사람이 있으며 사람과 사람 사이에 관계가 있다. 인터넷 커뮤니티는 이런 관계를 만들어내는 새로운 생활공간이다.

물리적 커뮤니티에서는 지연과 혈연과 학연과 종교와 사상 등 전통과 계층이 중요시되는 자연 발생적 커뮤니티가 강조된다. 반면에 인터넷 커뮤니티에서는 특수한 목적 중심의 목표 지향적 커뮤니티가 강조된다.

인터넷 사용자라면 이메일 주소를 한두 개씩 가지고 있다. 전화를 했는데 부재중이라느니 아니면 상대방이 바쁜 것 같아서 소식을 전하지 못했다는 핑계는 통하지 않은 현실이 된 것이다.

이메일 외에 홈페이지나 블로그 등을 이용해 인맥을 구축하는 사람들도 많다. 정보를 교류하는 장인 개인 홈페이지나 블로그를 각자의 취미와 성향에 맞춰 서로 방문하며 친밀감을 높이는 데 활용할 수 있기 때문이다. SNS에는 지인들과의 인맥을 강화하고 폭 넓은 인간관계를 형성할 수 있게 하는 좋은 기능이 있다. 인터넷 커뮤니티의 큰 특징은 오프라인 참여가 중요하다는 점이다. 물론 개인적인 인맥을 쌓기의 일차적인 목표는 '즐김'이다.

내가 즐거워야 남에게도 호의를 갖게 되고 결국 개인적인 인맥으로 연결된다. 메일이 진지함과 정성으로 서로를 연결한다면 메신저는 친근함과 편리함의 도구가 된다. 여기에 홈페이지는 인맥 만들기 최고의 장이며 정보 발신의 기능도 내포하고 있다. 디지털 세계에서는 정보 발신이 인맥으로 이어진다. 그런데 관리에 자신이 없다면 홈페이지를 개설하지 않는 게 차라리 낫다.

우리는 실제 살고 있는 집도 청소를 하고 단장을 새롭게 하기도 한다. 마찬가지로 홈페이지에 사진도 올리고 친구들을 초대해 글을 남기도록 꾸며야 한다. 이처럼 인맥 구축을 위해서라도 자기 브랜드의 가장 기본 단계인 홈페이지를 만들어야 한다. 디지털 인맥의 오프라인 모임은 동호회의 기반을 확실히 다지는 토대이자 개인적인 인맥 구축의 핵심인 것이다.

디지털 시대에 정보기기를 잘 활용할 줄 아는 사람이야말로 디지털 인맥의 챔피언이 되기에 충분한 사람이다.

메모든 메신저든 하다못해 정기적인 안부 전화를 통해 기억하고 유지하는 것이 인맥 관리의 첫 번째 노하우이다. 행복하려면 스트레스가 없어야 하는데 스트레스 해소에도 인간관계는 필요하다.

인간관계란 사람이 행복을 경험하는 데 없어서는 안 될 최소요건이다. 인간관계에서 자신이 사랑받고 신뢰받고 지지받고 있다고 느끼는 사람이라면 성공해도 행복하다. 하지만 성공을 위해서 인간관계를 포기한 사람들은 성공하더라도 행복하지 않다.

개인의 건강한 삶을 유지하고 나아가 사회와 바람직한 통합을 이루려면 프라이버시를 지키면서 사람들과 교류의 끈을 놓지 않아야 한다. 또한 고독을 즐기면서도 사교성을 잃지 않는 것이 중요하다.

카네기재단 조사 결과에 따르면, 성공하는 데 가장 중요한 요소로는 전문성 15%, 인간관계가 85%였다. 인간관계를 잘 맺는 이른바 인간관계의 고수는 사람들 사이에 뒤엉킨 모순을 푸는 데 능수능란할 뿐만 아니라 인내심을 가지고 복잡 미묘한 사건을 대처하는 사람이다.

매력 있는 사람에게는 한 번 더 눈이 가고 관심을 갖는 게 인지상정이다. 또한 매력적인 사람은 상대방에게 호감을 주고 가까이 하고 싶은 마음을 유발하는 사람이다. 인맥을 삼고 싶어하는 사람들에게는 공통점이 있다. 그들은 모두 만나면 득이 되는 사람, 이야기를 나누다 보면 신이 나게 해주는 사람, 새로운 지식을 얻게 해주는 사람, 취미가 같은 사람, 유머가 풍부한 사람이라는 것이다.

멋진 인맥을 만들고 싶으면 자신도 멋진 사람이 되도록 노력해야 한다. 자신을 갈고 닦아 인간다운 매력으로 남에게 인상을 남길 수 있는 사람이 되면 자연스럽게 사람이 모이고 인맥은 저절로 형성된다. 다른 사람을 먼저 이해하려고 노력한 다음 이해받도록 해야 한다.

인맥 관리란 거대하고 끊어지기 쉬운 거미줄과 같다. 우리가 할 일은 그 망의 일부를 복구하기 위해 끊어진 그물을 깁는 것이다. 오늘날과 같은 시기는 자신을 중심으로 촘촘한 인간관계를 조직하고 넓힘으로써 자기 브랜드를 최상의 상태로 관리하는 실력이 필요한 때이다. 즉 연줄이 아니라 네트워크를 만들고 관리해야 하는 시기인 것이다.

학연도 좋은 네트워크이다. 대학이 갖는 진정한 가치는 대학에서 배운다는 것보다는 대학에서 만난 사람들과 더 큰 관계가 있다고 할 수 있다.

사업상 고객을 만들 때 동창생의 부모는 주변인들을 소개해줄 수 있다. 또 동창회가 잘 조직된 학교를 다니면 자기계발 하는 데에 도움을 받을 수 있다. 이른바 명문 대학이라면 인맥의 가치는 더 높을 것이다. 대학에서 얻게 되는 것은 도서관이나 교수들의 능력보다는 튼튼한 인맥이다.

취미생활 역시 인간관계가 뒷받침되어야 한다. 그 사람의 인맥을 보면 그 사람이 어떤 사람인지를 알 수 있다고 했다. 당신의 가장 친한 친구 5명을 합치면 바로 당신의 모습이 되는 것처럼 다른 사람에게 호감을 주는 사람 또는 기억되는 사람이 되기 위해서는, 설령 그것이 사소하더라도 적절한 때에 상대방이 필요한 정보를 알려주는 센스를 지니고 있어야 한다.

아무리 자신에게 사소한 정보라고 해도 상대방에게는 필요한 것일 수 있다. 따라서 신문이나 잡지 등을 꾸준히 읽어 필요한 정보들을 스크랩해 두면 좋다. 그러다가 대화 중에 상대방이 필요로 하는 정보가 있다면 여유 있는 표정과 진실한 웃음을 지으면서 알려주어야 한다. 단 그 정보는 정확해야 한다.

사회생활을 하면서 자신을 강하게 만드는 데에는 두 가지 방법이 있다.

하나는 책을 많이 읽어서 지식과 능력을 높이는 것이다. 다른 하나는 지식과 능력이 있는 친구를 많이 사귀는 것이다. 다시 말해 배움과 교제이다.

현명한 사람은 지식과 인맥을 적절히 구사하면서 사람들을 좋아하고 그들이 자신을 좋아하게 만든다. 이것이 성공하는 삶의 비결이다.

따라서 일상생활에서 실천해야 할 과제로서 그 첫 번째는 독서다. 두 번째는 사람을 만나는 일이다. 세 번째는 정보기기를 활용하는 일이다. 즉 일상생활 속에서 인터넷이나 스마트폰을 충분히 활용하는 것이다.

훌륭한 인맥을 쌓으려면 단순한 방법으로 사람 사귀는 일에만 매

달려서는 안 된다. 상대방과 인간관계를 유지할 수 있는 지식을 먼저 갖추고 있어야 한다. 그 지식은 나를 업그레이드시킴과 동시에 상대를 만족시켜 주기 때문이다.

"로마는 하루아침에 이루어지지 않는다."라는 속담처럼 인맥 관리도 하루아침에 이루어지지 않는다.

좋은 인간관계를 맺기 위해서는 우선 친절해야 한다. 또한 상대방의 고통에 귀를 기울여야 한다. 내게 도움을 준 사람을 생각하고 당신이 좋아하는 책을 선물하는 배려를 실천에 옮길 줄 알아야 한다. 애정만으론 안 된다. 인맥 관리를 위해 노력을 해야만 한다. 칭찬할 일을 찾고 받기보다 베풀 일을 찾아야 하는 것이다.

일할 때는 후퇴를 생각하면 안 된다. 하지만 대인관계에서는 항상 나중을 생각해야 한다. 미국의 최고의 자동차 판매왕 조 지라드Joe Girad는 "250법칙"이라는 것을 제안했다. 사람들이 평생 알고 지내는 지인과 친구가 250명에 달한다는 점에 착안한 것이다. 이 250명의 인맥을 이용하면 못 할 것이 없다. 이 고리를 잘 유지하기 위해서는 만나는 인연도 중요하지만 그 뒷맛도 소홀히 하면 안 된다. 언제 어디서 그 고리가 필요할지 모르기 때문이다.

인간관계에서도 마무리의 중요성은 아무리 강조해도 지나치지 않다. 만날 때보다 헤어질 때 더 신경을 써야 하는 것이 인간관계이기 때문이다. 첫인상도 중요하지만 필요한 것을 얻었다고 해서 대접이 소홀해지면 누가 그 사람을 다시 만나려고 하겠는가? 마무리의 실패는 패배를 의미한다.

상대방의 긴장을 풀어주고 기대를 연출하는 만남의 앞 맛과 개성을 승부수로 띄우는 가운데 맛과 그리고 나중의 만남을 남겨 놓는 듯한 여운을 남기는 뒷맛이 인맥 관리의 핵심이다.

무엇보다 처음에는 '편리한 존재'에서 시작해서 시간이 갈수록 '없어서는 안 될 존재'가 되어야 한다. 또한 함께 있으면 즐겁고 유익한 사람이 되어야 하고 헤어질 때 다시 만나고 싶은 사람이 되어야 한다.

사람들과의 관계에서 얻은 배움이야말로 우리가 배우는 가장 큰 깨달음 가운데 하나이다. 우선 남들과 좋은 관계를 유지하려면 본인부터 통제할 줄 알아야 한다. 깨달았다고 해도 타인과의 관계에 불편함이 남아 있다면 그 깨달음은 여전히 부족한 것이다.

먼저 베풀기보다는 상대방이 베푸는 것을 먼저 얻으려고 하기 때문에 인간관계에 금이 가는 것이다. 따라서 사람들과의 관계에서 그냥 내가 약간 손해 보면서 살겠다는 마음가짐으로 살아야 한다.

우리는 본인의 행동은 쉽게 기억하지만 남들로부터 받은 것은 잊기 쉽기 때문에 내가 약간 손해를 보며 생활하는 것이 결과적으로 비슷하게 되는 것이다.

본인을 내려놓고 소탈하게 가끔은 망가질 수도 있어야 나와 타인 사이의 벽이 와르르 무너져 가까워진다. 나를 낮추면 세상이 나를 높여주고 나를 높이면 세상이 나를 낮춘다. 행복하고 건강하게 사는 것을 결정짓는 것은 지적 뛰어남이나 계급이 아니라 사회적 인간관계에서 온다.

인생에서 중요한 것은 타인과의 관계이다. 따라서 새로운 사회적 관계를 만들어 관계와 유대 속에서 인생의 항해술을 배워야 한다. 내가 옳은 것이 중요한 것이 아니다. 우리가 같이 행복한 것이 훨씬 더 중요한 것이다. 인간관계는 좋은 파트너를 선택하는 것이 아니다. 내가 타인에게 좋은 파트너가 되는 일이다. 인간관계를 잘 관리해 반드시 필요한 사람이 되도록 노력해야 한다.

〈대인관계 유지 9가지 방법 : 로버트 리〉

1. 사람들을 향해서 말하라. 명령한 인사말보다 더 기분 좋은 것은 없다.

2. 사람들을 만나면 웃어라. 그러면 같이 웃을 것이다.

3. 사람들을 만나면 이름을 불러라. 그러면 더 친숙해질 것이다.

4. 친절하고 도움을 주는 사람이 되라.

5. 진실로 사람에게 관심을 가지는 사람이 되라.
   노력한다면 모든 사람들은 당신을 좋아할 것이다.

6. 다른 사람의 감정을 고려하라.

7. 서비스를 신속하게 하라. 남을 위해 사는 것만큼 중요한 것은 없다.

8. 칭찬을 아끼지 말며 관대한 사람이 되라.

9. 이 모든 것에다 유머와 인내 그리고 겸손을 더하라

04

우리를 아는 방법 - 꾸준히 배워라 時習, 시습

어느 분야에서든 성공을 위한 최소한의 기본 조건이 있다면 그것은 지속적인 학습
이다 - 데니스 웨이틀리

떡 썰기

절에 들어가 공부를 한 지 10년이 지났다.

어느 날 석봉石峯 한호韓濩, 1543~1605는 어머니가 너무나 보고 싶어
서 밤에 몰래 절에서 빠져 나와 집으로 갔다. 한호는 이미 공부를 많
이 해 더는 배울 것이 없다고 어머니께 말씀드렸다. 이에 불을 끈 어
두운 방 안으로 한호를 들어오게 한 어머니는 자신은 칼로 떡을 썰
고 한호에게는 붓으로 글을 쓰게 했다. 모자母子의 솜씨를 비교하자
는 뜻이었다.

불을 켜보니 어머니가 썬 떡은 크기나 두께가 모두 똑같아 보기가
좋았다. 그런데 한호가 쓴 글씨는 크기가 서로 제각각이었다. 모양
은 비뚤비뚤하여 보기가 여간 흉하지 않았다.

어머니는 아들을 크게 꾸짖었다. 자신이 썬 떡처럼 눈을 감고도

글씨를 고르게 쓸 수 있기 전까지는 집으로 돌아오지 말라고 어머니가 아들에게 엄명을 내렸다. 이에 한호가 공부에 전념하게 되었다는 이야기는 널리 알려진 일화이다.

한호는 1543년에 개성에서 태어났다. 아버지가 세상을 일찍 뜬 한호의 가정형편은 매우 어려웠다. 이에 한호는 어려서부터 스스로 붓글씨를 익혔으며 타고난 재능에 피나는 수련을 게을리 하지 않았다. 그러나 어려운 가정형편 때문에 한호는 서당을 다니기는커녕 먹과 종이도 살 수가 없었다.

한호는 항아리나 돌 위에 손에 물을 찍어서 글씨 연습을 해야 했다. 하루도 빠지지 않고 꾸준히 연습을 하자 글 쓰는 솜씨가 일취월장 하면서 마을 사람들로부터 칭찬을 받기에 이르렀다. 이에 자극을 받아 한호를 조선시대 최고의 명필가로 만들려고 생각한 어머니는 한호를 유명한 절로 들여보내 공부를 시켰던 것이다. 공부를 게을리

| 어둠 속에서 떡을 써는 어머니와 한석봉 |

하지 않은 한호를 제자로 둔 스승인 승려는 날이 갈수록 실력이 늘어가는 한호의 솜씨에 탄복해 마지않았다 한다.

"배우고 그것을 시간이 날 때마다 반복한다면 또한 기쁘지 않겠는가學而時習之 不亦說乎, 학이시습지 불역열호"는 동양인들에게 가장 많이 회자되는 『논어論語』의 첫 구절이다.

삶은 배움이고 배움을 통해서만 창조적인 삶에 도달한다. 또한 창조적인 삶이야말로 세상에서 가장 큰 기쁨을 안겨 준다. 배움의 궁극적 목적은 유연한 삶을 사는 것이다. 자신만의 틀에 갇히지 말고 배움을 통해 경직된 긴장을 풀어야 한다.

새로운 지식이 자신의 고집에 부딪혀 새로운 지식이 자리를 잃는 것은 안타까운 일이다. 배운다는 것은 머리를 적극적으로 사용해서 몸을 적극적으로 변하게 만드는 것이다.

다음은 배움을 강조한 체리 스코트의 말이다.

당신에게 육체는 주어질 것이다. 당신은 경험을 통해 배울 것이다.
실패는 없다. 오직 배움만이 있을 뿐이다.
충분히 배우지 못하면 당신에게는 그 경험이 반복될 것이다.
배움에는 끝이 없다. '이곳'보다 더 나은 '그곳'은 없다.
다른 사람들은 모두 당신을 비추는 거울이다.
어떤 삶을 만들 것인가는 전적으로 당신 자신에게 달려 있다.
당신에게 필요한 해답은 모두 당신 안에 있다.
그리고 태어나는 순간 당신은 이 모든 사실을 잊을 것이다.

중국에도 다음과 같이 배움을 강조한 격언이 있다.

"젊어서 배우면 장년에 도움이 되고 장년에 배우면 노년에 기력이 쇠하지 않으며, 노년에 배우면 사망 뒤에 그 덕망이 사라지지 않는다."

이처럼 인생은 끝없는 배움의 길이다. 배움에는 두 가지가 있다.

하나는 일상적인 배움basic everyday learning이다.

다른 하나는 변화를 불러오는 배움transformative learning이다.

일상적인 이전에 몰랐던 새로운 것을 배우는 것으로서 우리를 근본적으로 변화시키지는 않는다. 하지만 우리의 부족한 부분을 메워주기 때문에 유용하다.

반면에 변화를 불러오는 배움은 우리를 불안하게 한다. 이런 배움은 우리의 관습적인 사고를 뒤흔들어 놓는다. 또한 우리 마음을 새롭게 짜 맞추고 세상을 더 성숙한 눈으로 바라보게 한다. 이것이 우리가 성장하기 위해서 필요한 배움이다.

인간이 고귀할 수 있는 것은 남과 비교해서 나오는 것이 아니다. 어제의 나와 비교해서 더 나아졌을 때 고귀한 것이다.

배움은 곧 성장이요 성장이 곧 배움인 것이다.

성공하는 방법에 대한 지침서들보다는 오로지 글로벌 시대에 맞는 자신만의 지침서를 손에 쥐고 있어야 한다. 현실에 안주하면 안 된다. 끊임없는 업데이트update만이 살 길이다. 배움에는 유효 기간이 없다. 따라서 평생토록 배워야 한다.

꿈을 이루기 위해 자신의 삶을 기꺼이 내거는 사람들이 세상을 좌우한다. 사람들이 당신은 절대로 할 수 없을 거라고 한 일을 해내는 것이야말로 인생에서 가장 큰 즐거움 가운데 하나이다.

그렇다고 무작정 열심히 사는 것이 좋은 방법은 아니다. '열심히'가 아니라 그보다는 '특별하게' 살아야 한다. 물론 어떤 시대이든 '크게 한 방 터뜨려야지!' 하는 기개는 지니고 있어야 한다. 상승지향성을 버린다는 것은 평범한 인생을 선택하는 것과 다르지 않기 때문이다.

우리에게 지금 필요한 것은 진중함이나 무조건 열심히 하는 것이 아니다. 그저 즐기는 것이다. 즐거우면 마음은 자연스럽게 열려 새로운 것을 받아들일 수 있기 때문이다.

또한 만족할 줄 알면 스스로를 괴롭히면서 하는 분투를 쉽게 할 수 있다. 게다가 내 앞에 있는 사람과 지금 이 시간을 즐길 수 있다. 그뿐 아니라 만족할 줄 알면 일이 끝나고도 마음에 아무런 찌꺼기가 남지 않는다. 나아가 운을 끌어당기며 살아야 한다. 그 결과는 내면이 풍족하고 외부의 도움이 필요하지 않는 사람만큼 행복한 사람이 되는 것이다.

위학삼요爲學三要, 즉 예로부터 배우는 데 필요한 세 가지 핵심 덕목이 있다.

혜慧 · 근勤 · 적寂 등이 바로 그것이다.

첫 번째 덕목은 지혜다. 지혜로 나를 가로막는 굳센 장벽을 뚫어야 한다.

두 번째 덕목은 근면이다. 밥 먹고 숨 쉬듯 기복 없는 노력이 보태져야 힘이 비축된다.

세 번째 덕목은 적寂이다. 공부에는 고요와 침묵으로 함축하는 시간이 필요하다.

    지혜로 속도를 내고 근면으로 기초 체력을 다져도 침묵 속에 방향을 가다듬지 않으면 노력이 수포로 돌아가기 쉽다. 따라서 보람도 느끼기 어렵다. 게다가 방향을 잃은 지혜와 목표를 놓친 노력은 뼈에 새겨지지 않고 오히려 독(毒)이 되기도 한다. 그뿐 아니라 자신의 재주를 이기지 못해 발등을 찍고 제 노력만 믿고 남을 우습게 보는 교만까지 나타날 수 있다. 적(寂)을 가늠자 삼아 자칫 무너지기 쉬운 균형을 끊임없이 바로잡아야 한다는 점을 잊어서는 안 된다.

    하나의 습관이 들기에 최소한 6주간 지속해야 한다는 말이 있다. 지속적인 반복이 필요하다는 뜻이다. 말콤 글래드웰은 『1만 시간의 법칙』에서 한 분야의 전문가 또는 달인이 되기 위해서는 최소한 1만 시간을 투자해야 한다고 강조했다.

    그 시간을 환산하면 하루에 세 시간씩 10년을 투자해야만 가능한 것이다. 지속적으로 많은 시간을 배움에 투자해야만 대가로 성공할 수 있다는 뜻이다.

    그 대표적인 사례가 바로 19세기 스페인의 바이올리니스트 파블로 데 사라사테1844~1908이다.

    "나는 37년간 하루도 빠짐없이 14시간씩 연습을 했다. 사람들은 나를 천재라고 불렀다."

    노력을 강조한 사라사테의 말이다.

    "하루를 연습하지 않으면 내가 알고 이틀을 연습하지 않으면 아내가 알며 사흘을 연습하지 않으면 청중이 안다."

유명한 피아니스트이자 지휘자였던 레너드 번스타인1918~1990이 끊임없는 연습을 강조하며 했던 말이다.

이처럼 자신의 전문성을 향상시키고 능력을 키우기 위해 배움에 아낌없이 투자해야 한다. 배움이 깊어짐에 따라 우리는 다양한 가능성과 가치를 깊이 있게 터득하게 된다.

주문공朱文公. 본명은 주희. 1130~1200의 「권학문勸學文」은 우리에게 배움의 중요성을 일깨워 준다.

오늘 배우지 않고서 내일이 있다고 말하지 마라.
올해 배우지 않고 내년이 있다고 말하지 마라.
해와 달은 지나가고 세월은 나를 위해 늦추지 않으니
아아 늙었구나! 누구의 허물인가!

〈배움에 관한 격언〉

1. 젊을 때 쌓은 지성은 노년기의 약을 미리 예방하는 것과 같다 : 레오나
   르도 다빈치

2. 학문에는 포만이 없다 : 에라스무스

3. 실천 없이 지식만 집어넣는 것은 단순히 지식욕을 만족시키는 데 전락
   할 수 있음을 아는 사람이다 : 논어

4. 배움의 목적은 사람이 지갑에 돈을 간직하고 있는 것과 같이 지식을 가
   지고 있는 것이 아니라 지식을 우리 자신의 몸에 스며들게 하는 데 있
   다 : 제임스 브라운

5. 젊은이가 해야 할 일은 돈을 모으는 것이 아니라 그것을 사용하여 장차
   쓸모 있는 사람이 되기 위한 지식을 모으고 훈련하는 것이다 : 헨리 포드

6. 젊을 때 공부를 소홀히 하는 자는 과거를 잃고 미래에 대해서도 죽은
   자가 된다 : 에우리피데스

7. 너의 과거를 알고 싶으면 현재의 너를 보라. 현재는 과거의 결과이기
   때문이다. 너의 미래를 알고 싶으면 현재의 자신을 보라. 현재가 미래
   의 원인이기 때문이다 : 석가모니

8. 배움을 향하면 날마다 보태고 도를 행하면 날마다 덜어낸다 : 노자

9. 옥돌도 갈아야 좋은 그릇을 만들 수 있고 사람은 배우지 아니하면 도를
   알지 못한다. 玉不琢, 不成器. 人不學, 不知道 : 예기

3부

Why

사람은 왜 더불어 사는가?

01

더불어 사는 공동체 - 사회

인간은 사회적 동물이다 - 아리스토텔레스

종이 한 장

문구점에서 종이 한 묶음을 구하는 젊은이가 있었다. 그는 구인 광고를 인쇄해 이른 새벽 전봇대에 붙이며 바쁘게 지나갔다.

잠시 후 길을 가던 한 남자가 진지한 얼굴로 구인광고를 보기 위해 발걸음을 멈췄다.

며칠이 지났다.

공공근로사업에 동원된 노인들이 광고지를 벗겨 냈다. 그날 오후 구청 직원이 청소 상태를 점검하러 그곳에 들렀다.

다음날 이른 아침, 폐지를 줍는 할머니가 버려진 종이를 주어 리어카에 실었다.

그날 아침 10시경 다른 폐지와 모아진 종이를 고물상이 샀다. 고물상에서 다른 폐지와 모인 종이는 재활용 공장을 통해 휴지로 만들어졌다.

몇 달이 지났다.

종이로 만들어진 휴지를 가정주부가 사갔다.

이처럼 종이 한 장에 수많은 사람들의 삶이 서로 엉켜 있는 것이다.

| 전봇대에서 광고를 보는 남자 |

인류인 호모사피엔스는 혹독한 빙하기를 견디어 내고 살아남았다. 천적이 거의 없던 거대 동물인 공룡과 매머드는 빙하기라는 자연의 천적을 만나 멸종했다. 하지만 그들에 비해 상대적으로 나약한 인류는 용케도 살아남았다. 그렇다면 인류는 어떻게 해서 살아남았을까?

인류가 살아남은 배경을 둘러싸고 도구를 사용했다거나 언어를 가지고 있기 때문에 가능했다는 여러 가지 설이 있다. 하지만 무엇보다도 어려움을 견뎌낸 데에는 바로 사회생활—공동체 생활이 한몫을 했다.

물론 동물 중에서도 무리를 이루고 사는 종이 여럿이 있다. 그런데 무리를 지어 산다고 모두가 다 사회생활을 하는 것은 아니다. 사회생활이라는 것은 공동의 관심사를 위해 서로 협력하며 사는 것을 가리킨다.

그렇다면 사람들은 왜 공동체, 즉 사회를 구성하고 살아가는가?

원시 시대에 인류는 아무것도 가진 것이 없었다. 물고기도 잡아먹고 과일이나 풀뿌리를 캐 먹는 것이 전부였다. 하지만 그들은 평등하게 평화롭게 생활했다. 단백질 섭취를 위해 고기가 먹고 싶을 때에는 서로의 힘을 모아 매머드를 사냥해 잡아먹기도 했다.

'네가 유인하면 내가 뒤에서 엄호하겠다.'

이렇게 함께 일하고 함께 나누는 공동사회를 만들어 산 것이 원시 인류의 삶이었다.

맹수들이 많았던 원시 수렵 시대에는 혼자 사냥에 나설 수가 없었다. 맹수들의 사냥감이 되기 쉬웠기 때문이다. 하지만 둘이 힘을 합한다면 큰 동물도 사냥할 수 있었고 맹수에게 먹힐 위험도 줄어들었다. 그 수를 늘려 셋 이상이 사냥을 하면 그 어떤 맹수라도 사냥을 할 수 있었다.

원시 농경 부족은 쉽게 채취가 가능한 야채를 각자 일한 만큼 분배했으며 유목부족의 경우에는 며칠씩 사냥을 해야 하는 동물을 모두에게 평등하게 분배했다. 영국의 정치철학자 마이클 테일러의 『원시 공동체 연구』에서 주장한 내용이다.

이처럼 원시 시대에 다른 동물에 비해서 상대적으로 나약했던 인류는 강인한 맹금류 속에서 살아남기 위해 서로의 약점을 보완하고 강점을 살렸다. 이를 바탕으로 공동체를 만들어 협력했기 때문에 오늘날까지 생존하고 있는 것이다. 또한 인류는 앞으로도 생존해 나갈 것이다.

특히 초기 인류가 큰 동물을 사냥하기 위해서는 서로 간의 협력이 절대적으로 필요했다. 또한 적극적인 소통이 공동체의 협력을 가져올 수 있었다. 이처럼 사회생활의 핵심인 "어떻게 나눌 것인가"에 대한 분배 문제를 해결해야만 공동체가 힘을 합쳐 움직일 수 있는 것이다.

바꿔 말하면 인간은 공동 이익 때문에 서로 협력해서 살아가는 것이다. 공동 관심사를 위해 사회생활을 하는 것이다. 만약 당신의 생활에 타인으로부터 도움이 없다면 진정한 의미의 '성공'은 존재할 수 없다.

무엇보다 타인에 대한 '신뢰'가 없다면 대규모 협업은 불가능하다. 또한 그 같은 '신뢰'는 상호소통을 정확히 하는 데서 온다. 공동체를 유지하기 위해서는 협동해야 하고 협동하기 위해서는 소통해야만 하는 것이다. 결국 소통은 부족, 즉 공동체를 유지하는 힘인 것인 것이다.

이러한 소통을 통한 공동체 생활이야말로 다른 동물에 비해 상대적으로 나약했던 인류가 오늘날까지 생존하게 된 가장 큰 이유인 것이다.

인간 사회는 생존과 공동의 가치관을 기반으로 하는 게마인샤프트 공동사회 즉 혈족을 중심으로 씨족·부족·민족 등의 사회와, 구성원의 이익과 목적에 따라서 설립되는 게젤샤프트이익사회 즉 국가를 비롯해서 작게는 공동체·직장 등으로 나눌 수 있다.

이러한 사회를 이루는 것의 공통분모를 정체성正體性이라고 한다. 영어로 정체성에 해당되는 아이덴티티Identity는 동질성으로도 해석되며 변하지 않는 존재의 본질을 깨닫는 성질 또는 그 성질을 가진 독립적 존재를 뜻한다. 어떤 대상을 규정하거나 인식할 수 있는 동일성, 유사성, 일체감'을 가리키는 말이다.

지구상에는 수많은 공동체가 존재한다. 인종·환경·지역 등에 따라 정체성이 다른 사회가 형성된다. 수많은 다른 인종끼리 서로를 포용하며 살아가는 서양의 모습이 성숙한 사회로 비칠 수 있다. 반대로 상대를 인정하지 않고 서로의 과거가 용서되지 않은 사회나 개인은 미숙未熟하다고 여길 수 있다. 생각하기에 따라서 한 사회의 성숙이란 결국 인간애人間愛의 표현인 것이다.

상대방을 인정하면서 서로의 실수와 잘못을 용서하고 화해를 통해 공존의 세계를 이루어가는 것, 그것이 곧 성숙된 사회일 것이기 때문이다.

기독교 정신 역시 그러한 인간적 성숙성을 강조한다. 그 같은 정신이 서양인들의 핏속에 면면히 흐른다고 할 수 있다. 또한 피의 결합이 오늘날 서양의 성숙과 번영의 밑거름이 된 것은 아닐까?

미숙은 유치하다는 뜻으로 받아들일 수 있다. 흑이 아니면 백이어야 하고 전부가 아니면 아무것도 아닌 것으로 생각하는 사회와, 경쟁자를 자기 발 앞에 굴복시켜야 승자이며 돈 많이 벌어 힘을 과시하며 남 앞에서 호령하고 살아야 출세인 줄 알고 남을 무시하고 자기주장만 내세우는 사회는 미숙 그 자체라고 할 수 있다.

인간은 사회적인 존재로서 무리를 지어 살아가는 동물이다.
"인간은 홀로 존재할 때 아무 일도 할 수 없다."
나폴레옹1769~1821이 인간의 사회성을 강조하며 한 말이다.
인간 사회는 개인 혼자만으로 구성되는 것이 아니라 사람들의 집합체이다. 사회에 대해서는 여러 가지 정의를 내릴 수 있다. 하지만 무엇보다 사회의 본질은 '인간관계의 지속'이다. 인간관계야말로 사회의 본질인 것이다.

인간은 공통된 행동양식이자 생활양식으로서의 문화를 공유하고 살아간다. 그 결과 한 사회의 구성원들은 서로 비슷한 문화적 특성을 가지고 살아가게 되는데 이를 통하여 동질 의식을 지니며 생활하게 되는 것이다. 이러한 동질 의식은 사회집단 구성원들을 하나의 통일체로 묶어내는 역할을 담당한다.

사회집단은 공동체 의식을 통해 사회를 유지하고 발전시켜나간다. 여기에서의 공동체 의식은 사회를 구성하는 사람들이 공유하는 의지적 활동이며 이 활동을 통해 형성된 공동체 의식은 한 사회를 이끌어가는 원동력으로 작용한다. 사회집단에 존재하는 이러한 공동체가 공유하는 정신은 사회의 고유성을 인식하고, 이를 바탕으로 상호작용을 하여 상호 간에 친밀감과 소속감과 동질 의식을 느끼게 한다. 그 결과 개개인의 특성을 묶어서 한 사회라는 동질성을 형성해 가는 데 중요한 역할을 하는 것이다.

우리 민족의 경우에도 건국이념인 홍익인간 사상의 바탕에는, 나 혼자만의 이기적인 욕심이 아닌 여러 사람들의 공통적 이익들을 존중하고 보호하며 나아가 타인을 이롭게 한다는 이타주의 사상이 깔려 있다.

현대 사회는 자유주의와 개인주의를 바탕으로 하는 자유 시민 사회이다. 개인의 이기심이 증폭되고 개인의 욕구 충족을 위한 생활 때문에 때로는 타인의 이익이 침해되기도 한다. 하지만 홍익인간 사상은 현대 사회의 각박한 이기심을 이기고 풍요로운 인간의 삶과 사람들의 선량한 인심과 사람들이 모두 하나로 어우러지는 평화로운 사회를 추구하는 인도주의 이념을 제공한다.

이렇듯 공동체 의식이란 공동체를 향하여 구성원 간에 느끼는 귀속 의식 또는 유대감을 가리킨다. 즉 공동체의 유지와 발전을 위해 구성원으로서의 개인이 가져야 할 책임과 권리 의식과 개인의 이익보다는 공동체의 이익을 중시하는 태도와 가치관을 가리키는 것이다.

또한 공동체 의식은 구성원 간의 갈등과 무분별한 경쟁을 완화하고 공동체의 유지 및 발전을 위한 생산적인 협조와 공정한 경쟁을 할 수 있게 해준다. 이런 공동체 정신의 바탕에는 서로를 간섭하는 것이 아니라 서로를 아껴주며 존중하고 인정해주자는 것이 기본으로 깔려 있다. 이것은 현상을 존중해주고 공동체와 조화점을 찾아가는 것이며 개인도 자신의 생각만을 고집하지 않는다는 것을 뜻한다.

근대 사회에 들어서면서 인간의 삶은 크게 두 개의 이질적인 사회로 구분되었다. 동양 사회와 서양 사회의 구분이 뚜렷해진 것이다.

동·서양 사회의 정체성에는 큰 차이가 있다. 농경문화에서 출발한 동양 사회가 안정과 관계를 중시한 반면에 유목 중심의 서양 사회는 개성과 합리성을 강조한다.

리처드 니스벳은 『생각의 지도』에서, 개체성을 중시하는 서양에서는 집합을 강조하고 동질성을 중시하는 동양에서는 일체를 강조한다고 했다. 또한 저자는 동양인들은 세상을 '관계'로 파악하고 서양인들은 범주로 묶을 수 있는 '사물'로 파악한다고 결론을 내렸다. 나아가 서양과 동양의 종교가 서로 다른 것은 서양 종교가 '옳고 그름right/wrong'의 구조로 되어 있는 반면에 동양 종교는 '모두/함께both/with'를 지향하기 때문이라고 지적했다.

동양인은 타인과의 관계에 집중하는 제3자의 관점에 익숙하다. 반면에 서양인은 1인칭 시점, 곧 자기중심적 시점에 익숙하다.

또한 동양인은 인간 가족이나 사회 혹은 도의 원리와 같은 전체와의 관련성 속에서 인간의 삶을 파악한다. 인간은 인간관계 속에서 행동하고 있기 때문에 완전하게 독립적인 행동을 한다는 것은 불가능하며 그리 바람직하지 않다고 파악하는 것이다. 동양인에게 행위란 다른 사람들과의 관계에 의해 조정되고 다른 사람에게 영향을 주기는 것이기 때문에 인간관계에서 조화를 유지하는 것이 사회생활의 가장 중요한 목표가 되는 것이다.

그에 반해 서양 사회에서는 독립성independence이 중요한 가치로 적용되며 동양 사회에서는 상호의존성interdependence이 중요한 가치로 작용한다.

'천상천하 유아독존天上天下 唯我獨尊'

불교의 개조인 석가모니가 남긴 말이다. 이 세상에 나만 유일한 존재라는 뜻이다.

나와 같은 것은 아무것도 없다. 나는 남과 다르다. 나와 다른 것이 모두 틀린 것이 아니라 이 세상에는 다른 것이 무수히 많다는 것을 아는 것이 무엇보다 중요하다.

개인은 사회 속에서 살아간다. 개인과 사회라는 두 주체는 너무나 긴밀하게 연계되어 있어서, 개인은 사회 없이 존재할 수 없으며 사회 역시 개인들의 집합으로 존재한다. 따라서 두 주체가 공존하지 않으면 갈등상태가 야기되기 때문에 사회생활의 공동의 목표는 구성원 모두가 살아남는 공존共存이다.

그러므로 남들과 공존하면서 살아가기 위해서는 차이를 인정하는 다름을 이해해야 한다. 다름은 차별과는 다르다. 서로의 차이를 아는 것은 누가 옳고 누가 그르다는 시시비비是是非非의 문제가 아니다. 서로가 다르다는 것을 인정하는 배려가 무엇보다 필요한 것이다. 다름을 인정하는 것이야말로 상대를 이해하는 첫걸음이다.

사람이라면 누구나 타인이 아닌 자기 자신으로 살아가야만 한다는 인간적 한계 때문에 본인을 중심으로 세상을 해석하며 살아간다. 자신이 경험한 만큼의 세상만을 이해하며 사는 것이다. 아무리 자수성가한 사람이라도 혼자 힘으로 성공할 수는 없다. 수많은 사람들의 도움이 있었기에 그 자리에 설 수 있는 것이다.

상호의존적 사회는 개인보다 집단을 중시한다. 개인은 집단과 대등하게 양립할 수 없다. 개인은 집단을 위해 언제든 희생할 준비가 되어 있어야 하는 것이다. 이런 규칙을 잘 따르는 사람이 충신이고 효자이다. 이런 관계가 존재의 모든 것을 규정한다.

우리는 자신이 속한 사회의 정체성을 타인과의 비교를 통해서 찾으려는 경향이 있다. 사회생활을 하면서 남과 비교하지 않고 살기란 쉽지 않다. 하지만 '비교는 기쁨을 훔쳐가는 도둑이다.'라는 말이 있듯이 주변 사람들과 비교를 하면 불행해지기 시작하는 것이다. 나아가 타인과의 비교를 무시하기가 불가능하다면 '타인의 불행으로부터 기쁨을 얻기'보다는 '타인의 성취에서 기쁨을 얻기' 위해 노력해야 한다.

사람은 혼자서는 살 수 없는 존재다. 더불어 살아간다는 것은 타인과 함께하는 마음이 있을 때만이 가능하다. 그만큼 더불어 살아간다는 것은 아름답고 소중한 일이다.

협조와 타협은 사람들 간의 차이에도 불구하고 서로를 존중할 때만 꽃을 피울 수 있다. 그러므로 신뢰지향적인 사회가 관용적인 사회인 것이다. 차이를 인정하고 포용하는 사회가 진정한 사회인 것이다.

인간은 서로에게 영향을 주는 존재이기도 하다. 따라서 소속된 사회와 동질감을 느끼기 때문에 어떤 사회에 속하는가가 중요하다. 내가 속한 사회가 앞으로의 나의 미래를 결정짓기 때문이다. 소속감은 소외와 고독감을 해소시키는 좋은 치료제이다. 또한 사회에 속해 있다는 소속감은 구성원이 된 개인에게 준거점을 마련해준다. 이로써 개인은 공동된 이해관계와 목표 등을 공유하면서 개인적인 제한된 틀을 넘어설 수 있는 것이다.

한 사회의 정체성은 역사이자 경험이다. 지금 우리는 서양 사회의

과도한 문화의 유입으로 우리 고유의 정체성에 혼란을 느끼기도 한다. 이럴 때라도 극단적으로 한 쪽에 치우쳐 동양이 옳고 서양이 그르다는 시비是非의 논리가 아니라 서로 다름을 인정하고 자기의 정체성을 찾아야만 한다. 지나친 국수주의나 우월주의에 빠지면 안 되는 것이다.

역사는 우리의 과거의 기록이고, 문화는 우리의 삶이다. 사람이 어떻게 살며 역사에 어떻게 연결되어 있는지는 문화를 통해서 확인할 수 있다. 따라서 역사를 바탕으로 우리의 정체성을 확고히 하고 새로운 문화를 만들도록 노력해야 한다.

〈공동체에 관한 격언〉

1. 사회는 그 구성원의 이익을 위하여 존재하는 것이지, 그 구성원들이 사회의 이익을 위해 존재하는 것이 아니다 : 허버트 스펜서

2. 공동사회는 배와 같다. 누구나 키를 잡을 준비가 되어 있어야 한다 : 입센

3. 사회 안에서 사회의 일각으로서의 개인을 완성시키자 : 존 듀이

4. 사회가 있는 곳에 갈등이 있다 : 다렌도르프

5. 인생은 공동으로 살아가는 것이지 공동 사회에서 살아가는 것이 아니다 : 해링턴

6. 기억을 가지고 있지 않은 사람은 병든 사람이며 기억을 가지고 있지 않은 사회는 병든 사회다 : 하인리히 뵐

7. 역사란 아(我)와 비아(非我)와의 투쟁의 기록이다 : 신채호

8. 나라는 몸과 같고 역사는 혼과 같다(國猶形 史猶魂) : 이암

9. 역사는 지속과 변화를 동시에 품고 이어진다 : 폴 케네디

02

사회의 핵심 가치는 무엇인가?

1) 눈높이를 맞춰라 - 소통

소통의 가장 큰 문제는 소통했다는 착각이다 - 버나드 쇼

메신저

　모처럼의 한가한 시간이다. 사무실에서 명준은 스마트폰으로 메신저에 접속했다.

　때마침 창석이 들어와 있었다.

　빠: 뭐 하냐? 아빠다.

　짱: 어-. 아빠가 카톡을, 독수리 타법으로, ㅋㅋ.

　〈빠〉는 젊은 오빠의 준말로 명준의 아이디고, 〈짱〉은 창석의 아이디다.

빠: 이놈 봐라, 아빠를 놀ㄹㄹ려.

마음은 급하고 손가락은 따라 주지 않자, 명준은 계속 오타를 냈다.

짱: 그 실력으로는 우리랑 대화 못 해요.

번개 같이 답장이 되돌아왔다.

빠: 그래, 지금 머하냐?

또 오타다. 끝나기가 무섭게 답이 날아들었다.

짱: 학원 가기 전에 한 게임하고 있어요, 잠깐만요.

다른 쪽에서 하고 있던 게임에 심각한 상황이 생긴 모양이었다. 잠시 후 다시 답신이 왔다.

짱: 웬일이세요.

빠: 아니, 그냥 해봤어. 이따 아이스크림 사 줄까?

석짱: 캡이죠, 아시죠, 골라 먹는 재미, 베스킨...

짧은 대화였다. 하지만 기분이 좋았다. 대화 내용은 중요하지 않았다. 소통 자체가 뿌듯했던 것이다.

"우리는 서로 통—했느니라."

| 스마트폰을 하는 아빠와 아들 |

"문명의 역사는 곧 커뮤니케이션의 역사다. 따라서 커뮤니케이션 수단이 문자에서 시각언어로 옮겨간다면 우리는 원활한 상호작용을 위해 새로운 언어를 배워야 한다. 시각언어가 지배하는 세상에서 경쟁력은 기술 및 예술 교육에서 나올 것이다. 과학 기술을 이끄는 지성과 시인의 감성 말이다. 우리에게는 컴퓨터와 시인이 모두 필요하다."

미래학자인 존 나이스비트가 소통을 강조하며 한 말이다.

현대인들은 말의 홍수와 언어의 홍수 속에 살고 있다. 비속한 언어와 무의미하고 천박한 말들이 주변을 가득 채우고 있다. 생각해보면 신문이나 잡지와 다이제스트 따위를 훑어보고 얻은 사실이나 이론을 인용해 서로가 이렇다 저렇다 하며 자기주장을 내세우는 것이 우리 대화의 대부분을 차지한다. 게다가 인터넷과 SNS의 발달로 이런 현상은 더욱 빨리 퍼지고 있다.

인간은 사교적인 동물이다. 자발적인 고립은 드물다. 타인에 의해 강요된 격리와 배제는 당사자에게는 공포나 다름없다. 부모와 자식 간에도 세대 차이라는 벽이 있어 격리되어 서로 다른 세계에서 살고 있는 경우가 적잖다. 이럴 때에 소통은 소외疎를 극복通하는 것이라고 할 수 있다.

그런데 벽은 우리 앞에 놓인 커다란 장애물이지만 눕히면 다리가 되고 뚫으면 문으로 사용할 수 있다. 생각을 바꾸면 길이 보이는 법이다. 그러기 위해서는 먼저 다름을 인정해야 한다. 서로의 가치관과 생활방식을 존중하고 서로의 사생활에 지나치게 간섭하지 않아야 한다. 이것이 핵심이다.

세대 차이만이 아니다. 같은 부모에서 태어난 형제와 자매들도 똑같지 않다. 서로의 개성이 있기 때문이다. 외모도 다르지만 성격도 다르다. 특히 남자와 여자는 육체적 생리적 구조와 생김새, 그리고 성향까지 전혀 다른 것이다.

2012년 통계청 발표에 따르면 우리나라의 남녀의 성비는 50:50이었다. 그만큼 여성의 사회 진출과 영향력이 커질 토대가 마련되었다고도 할 수 있는 것이다. 그렇다면 연애하고 결혼해 가정생활을 하기 위해서만 아니라 같이 사회생활을 하는 데 남자는 여자에 대해서, 여자는 남성에 대해서 서로의 차이를 알아야 한다.

존 그레이는『화성에서 온 남자 금성에서 온 여자』에서 남자는 사냥을 중심으로 생존해왔기 때문에 외향적 성향이 강하고, 여자는 종족번식을 위해 보호 능력이 강하다고 했다. 그 결과 남자는 지도 보는 법에 익숙해 길을 잃어도 절대 남에게 묻지 않고 혼자 힘으로 찾으려고 한다는 것이다. 반면에 여자는 지도 보는 법을 아예 모른다는 것이다. 그렇기 때문에 남자는 사소한 일에 행복을 느끼며 즐거워하는 편이며 여자는 사소하지 않은 일을 뇌에 행복한 순간으로 입력한다는 것이다. 남녀는 이런 서로의 차이를 이해해야만 대화가 가능하다.

우리가 타인과 대화하고 소통하기 위해 필요한 건 언어가 아니라 공통분모이다. 또한 원활한 대화가 이루어지기 위해서는 기본적인 공통분모가 공유되어야 한다. 넓고 얕은 지식 즉 상식이 의사소통의 기본 전제가 되고 사람과 사람으로 하여금 대화하게 하는 최소한의 공통분모이다.

이런 공통분모를 무시하고 각자 자기의 입장에서 이야기를 하기 때문에 서로의 눈높이가 맞지 않아서 소통이 되지 않는 것이다. 특히 아이들과 대화할 때는 아이들의 눈높이에 맞춰야 한다. 눈높이를 어떻게 맞추는가에 대한 일화를 소개한다.

엄마가 어린 딸의 장난감을 사기 위해 아이를 데리고 백화점에 갔다. 엄마는 딸에게 화려하게 진열된 매장에서 장난감을 고르라고 했다. 그랬더니 딸아이는 고르지는 못하고 계속 칭얼대기만 했다.

엄마가 짜증을 내며 아이를 다그쳤다. 아이는 물건이 보이지 않아 무엇을 고를지 모르겠다고 했다. 장난감 매장 진열이 어른을 기준으로 만들어졌기 때문에 어린아이가 장난감을 고를 수 없었던 것이다.

눈높이를 맞춘다는 것은 어느 한 쪽의 배려가 있어야 가능하다. 서로 다른 높이를 같은 높이로 조절해야 한다. 낮은 곳에서 높은 곳의 높이를 맞추기는 어렵다. 따라서 높은 곳에 있는 사람이 낮은 곳으로 내려와야 서로 대등한 입장에서 대화를 할 수가 있게 된다.

가족 간에는 부모가 아이의 높이로, 회사에서는 사장이 직원의 높이로, 국가에서는 대통령이 국민의 눈높이로 내려와야 하는 것이다.

바꿔 말하면 상대방의 입장을 배려해 자세를 낮추어야 대화를 할 수 있는 것이다. 위에서 아래로 내려오지 않고 자신의 자리만을 고수하면서 상대방을 대하면 소통은 이뤄지기 힘들 것이다.

소통을 가로막는 것에는 남들도 내 생각과 똑같겠지 하는 아전인수我田引水식의 생각이 자리하고 있다. 먼저 상대방의 생각과 입장을 이해하려고 노력하고 상대방에 대한 이해를 바탕으로 대화를 이끌어야 한다. 남을 설득할 때 저지르기 쉬운 가장 큰 실수는 자신의 생각과 감정만을 표현하려는 것이다.

사람들이 진정으로 원하는 것은 상대방이 자신을 존중하고 이해하며 자신의 말을 들어주는 것이다. 상대방의 말을 경청하는 것이야말로 타인을 설득하는 가장 좋은 방법 가운데 하나이다.

상대방과 좋은 관계를 맺기 위해서는 상대방의 관심사를 화제로 대화를 나누면 좋다. 데일 카네기는 "상대방의 관심사에 대해 이야기하라."고 강조했다. 사람의 마음을 사로잡는 지름길은 그 사람이 가장 흥미를 느끼고 있는 일에 대해 즐겁게 이야기하는 것이라는 사실을 잊어서는 안 된다.

성공적인 대화를 이끌기 위해서는 상대방의 말을 진지하게 듣고 있다는 행동을 보여야 한다. 예를 들면 상대방의 이야기에 맞장구를 쳐야 하며 이야기를 중간에 끊지 않아야 한다. 또한 함께 나눌 수 있는 공통된 화제가 많을수록 편안한 대화를 나눌 수 있다. 분위기를 편안하게 하기 위해 상대방과 많은 대화를 나누던 처음의 순간을 떠올리며 편안하게 이야기할 수 있는 분위기를 만들어야 한다.

시대가 변함에 따라서 소통의 방법도 변하고 있다. 지난날이든 오늘날이든 동양이든 서양이든 가장 좋은 소통 방법은 서로 얼굴을 맞대고 이야기히는 것이다. 히지만 그렇지 못한 경우가 대부분이다.

그 대안으로 간접적인 방법이 있다. 글을 쓰는 것이다. 예전에는 주로 편지를 이용했는데 시대가 변함에 따라 컴퓨터를 이용한 이메일과 메신저와 SNS 그리고 요즈음에는 스마트폰의 메신저 등 인터넷 매체 등이 사용되고 있다. 여기에 영상 통화까지 활용하면 대면하고 말하는 것과 같은 효과를 얻을 수 있다. 이런 소통 매체의 변화에 적응하지 못하면 소통은 당연히 어려울 수밖에 없다. 소통되지 않으면 행복하기 어려운 법이다.

물론 내가 행복해야 남이 행복할 수 있다. 그리고 부모가 행복해야 아이들이 행복할 수 있고 배우자가 행복해야 상대방이 행복할 수 있다. 자신이 행복하지 않고 어떻게 남에게 행복과 희망을 전할 수 있겠는가?

행복도 소통이 되어야 나눌 수 있는 것이다. 우리 사회에는 수많은 복잡한 문제가 있다. 그런데 문제가 생겼을 때 대화야말로 문제를 해결할 수 있는 가장 효과적인 방법이다. 따라서 소통을 사회생활의 필수적인 핵심 기능으로서 인식하는 것이 필요하다.

〈소통에 관한 격언〉

1. 말은 진실되고 신의가 있도록 하라 : 이이(李珥)

2. 훌륭한 말은 훌륭한 무기다 : 풀러

3. 문명은 대화다 : 토마스 아퀴나스

4. 경쟁심이나 허영심이 없이 다만 고요하고 조용한 감정의 교류만이 있
   는 대화가 가장 행복한 대화이다 : 릴케

5. 인간은 입이 하나 귀가 둘이 있다. 이는 말하기보다 듣기를 두 배 더하
   라는 뜻이다 : 탈무드

6. 군자는 말을 잘하는 사람의 말에만 귀를 기울이지 않고 말이 서툰 사람
   의 말에도 귀담아 듣는다 : 공자

7. 화술은 단순한 언어의 유희나 심리적인 마술이 아니라 상대방과의 인간
   관계의 조화를 실현시키기 위한 자기표현의 기술이며 연출이다 : 홍서여

8. 말[言] 뒤에 있는 의미는 보통 언어소통에서는 별 문제가 되지 않는다.
   말은 스스로 흘러가고 말로부터 행위로서, 행위로부터 말로의 전이 과
   정들이 만들어진다. 우리가 계산할 때 '충분히 생각하고' 계산하는지
   '앵무새처럼' 계산하는지에 대해 아무도 생각하지 않는다 : 비트겐슈타인

9. 누구도 자기가 하는 말이 다 뜻이 있어서 하는 것이 아니다. 그럼에도
   자기가 뜻하는 바를 모두 말하는 사람은 거의 없다 : 애덤즈

2) 자신과의 약속 - 신뢰

원칙을 지킨 학생

어느 해 여름, 한 소년이 코카콜라 회사에서 아르바이트생으로 일하고 있었다. 소년은 자메이카 출신 이민자의 아들로서 뉴욕의 빈민가에서 태어났다. 고등학교에 다니고 있던 소년은 어려운 가정형편 때문에 학비를 벌려고 아르바이트를 하고 있었던 것이다.

소년이 하는 일은 청소하고 바닥에 흘러내린 콜라를 닦아내는 일이었다. 하루는 50개의 콜라 병이 든 상자가 터지는 일이 발생했다. 이를 보고도 직원들은 아무도 닦아낼 생각을 하지 않았다.

그때 검은 피부의 소년이 바닥에 엎드려 콜라를 열심히 닦아내기 시작했다. 이 광경을 보고 관리자는 칭찬했다.

"학생! 열심히 일하는구면. 자신이 쏟은 콜라도 아닌데 이렇게 자신의 일처럼 성의껏 일을 하다니."

"저는 제가 하는 어떤 일에서든 우선 최고가 되기로 마음을 먹었습니다. 이렇게 일할 수 있는 기회를 주셔서 저야말로 고맙습니다."

소년의 대답이었다.

그 이듬해 소년은 다시 아르바이트를 하기 위해 코카콜라 공장을 찾아갔다. 이때 관리자가 소년을 알아봤다. 그는 소년에게 바닥 청소 대신 음료를 주입하는 일을 맡겼다. 소년이 열심히 일하는 성실한 모습에 감명을 받은 관리자는 소년을 다시 음료 주입팀의 부책임자로 승진시켜 주었다.

소년은 자신이 처한 가난과 고생을 불평하지 않았다. 돈을 벌기 위해 늘 아르바이트를 하다보니 학교 성적은 하위권에 머물렀다. 하지만 소년에게는 남들이 갖지 못한 장점이 있었다. 누구보다도 정직하고 성실했으며 시련 앞에서도 의욕을 잃지 않고 용감했던 것이다.

소년은 하고자 하는 일이라면 끝까지 이루려는 집념이 강했다. 또한 소년에게는 커다란 꿈이 있었다. 자메이카 출신 이민 2세인 소년은 '어떤 꿈이든 이룰 수 있는 나라가 바로 미국'이라고 믿고 반드시 아메리칸 드림을 실현하리라는 강한 목표와 집념을 가지고 있었던 것이다.

소년은 정직과 성실과 투지와 고귀한 꿈을 자산으로 삼아 사회에 나온 후에도 노력을 게을리 하지 않았다.

소년은 성년이 된 후에 최고의 군인이 되기 위해 뉴욕 시립대에서 ROTC 장교로 임관한 후 베트남전·파나마전·걸프전 등에 참전하여 혁혁한 전과를 세웠다. 그 공로로 그는 ROTC 출신으로는 최초로 또한 최연소로 게다가 흑인 최초로 미국 합참의장에 올랐다. 또한 소수인종minority 출신으로서는 유일하게 국무장관까지 지냈다.

이 사람은 바로 걸프전의 검은 영웅으로 미국에서 가장 존경받는 군인 중 한 명인 콜린 파월Colin L. Powell, 1937~이다.

파월은 이렇게 말했다.

"어떤 일에서든 최선을 다하면 누군가는 나를 일으켜 준다. 최선을 지향하여 최고가 되려는 큰 꿈을 갖고 성실하게 일하면 그 대가는 반드시 주어진다."

원칙을 지키는 것이 신뢰를 쌓는 첫 걸음인 것이다.

| 군복을 입은 콜린 파월 |

　사람은 누구나 기만과 유혹의 진흙탕 속에 빠질 수 있다. 하지만 그를 진흙탕에서 끌어내주는 힘은 주변에서 변함없이 지켜보는 신뢰와 사랑이다.

　우리의 삶은 언제든 모든 것이 달라질 수 있다. 그때 가장 중요한 것은 무엇을 믿고 어떻게 사는가이다. 가장 안정적인 가치 중 하나인 신뢰는 우리 삶에 무엇보다도 중요한 덕목이다. 우리는 신뢰를 통해서 자신이 속한 공동체와 관계를 맺는다.

　낯선 타인에 대한 신뢰의 바탕은 '자신과 다른 사람이 갖고 있는 기본적인 가치는 동일하다'라는 윤리적 가정에서 비롯된다.

　우선 사람을 믿는다는 것은 그들을 자신의 도덕적 공동체 안으로 포용하는 것을 뜻한다. 또한 정보와 경험에 좌우되는 신뢰는 단순히 기대가 아니라 관련된 기대에 바탕을 두고 있다. 이처럼 인간에 대한 신뢰는 구체적인 인물을 통한 결과물이다.

하지만 최근에는 신뢰라는 가치가 예전에 비해 덜 중요해 보이는 듯하다. 신뢰가 급격히 감소되고 있는 것이 요즘의 사회적 분위기이다. 명예·신뢰·자부심·격려·용기·지조·의리·성실 같은 덕목들은 너무 평범한 나머지 시대에 뒤떨어진 가치처럼 보인다. 하지만 이들 가치들은 여전히 유효하다.

그래서일까. 약속을 지키는 사람과 사소한 약속도 잊지 않는 사람의 가치가 어느 때보다 더욱 부각되는 것이다. 신뢰받는 사람이 된다는 것은 너무나 소중한 자산을 얻는 것이다. 우리는 도덕적이고 관대하며 정직하고 신뢰할 수 있는 사람이 되어야 한다.

상대방에 대한 믿음은 나를 온전히 내주는 것이다. 나를 사랑하고 신뢰하는 이에게 나를 기꺼이 겸허히 바치는 것이다. 이렇게 믿음은 당신을 발전시키는 점화 스위치다. 무엇보다 신념과 신의를 지켜 신뢰를 쌓기 위해서는 직접 실천에 옮기는 것이 중요하다.

신뢰를 쌓는 것은 나무를 기르는 것과 같다. 작은 나무가 크게 성장하기 위해서는 많은 시간과 노력이 필요하다. 하지만 그 나무를 단숨에 자를 수도 있다. 이처럼 신뢰는 쌓기는 어렵지만 잃는 것은 한순간이다.

신뢰야말로 인간이 지구상을 지배하게 된 핵심이며 사회생활의 보양식이다. 인간이 살아가는 데 있어서 사업뿐만 아니라 인간관계 전반에서 신뢰가 반드시 필요한 무형의 재산이라는 점에 이의를 제기할 사람은 없을 것이다.

아무리 위대한 사람이라 해도 개인의 능력이 집단의 능력보다 우월할 수는 없다. 위대한 사업은 신뢰감을 바탕으로 맺어진 집단의 힘에 의해 비로소 가능해지는 경우가 대부분이기 때문이다.

일단 금이 가고 깨진 유리는 깨진 조각을 잘 짜 맞추어도 원래대로 되돌릴 수 없다. 신뢰도 마찬가지다.

한 번 잃게 되면 두 번 다시 되돌릴 수 없는 것이 신뢰이다. 진정한 신뢰는 서로에게 아무런 의심도 없어야 한다. 의심이나 의혹이 조금이라도 있으면 서로가 아무리 그것을 지우려 해도 처음의 허물이 없던 관계로 돌이킬 수 없기 때문이다.

"한번 사이가 나빴다가 좋아진 친구와 차갑게 식었다가 다시 데워진 수프의 고기는 조심해야 한다." 신뢰를 강조한 스페인의 속담이다.

사이가 나빠졌던 친구끼리는 마음속에 불신했던 앙금이 여전히 남아 있어서 이전처럼 솔직하게 속마음을 전달하기 어려운 법이다.

사람 간의 신뢰가 중요하듯이 사람과 사회 간의 신뢰도 중요하다.

"사람들이 서로 주고받는 영향에 의해서만 느낌과 의견이 모이고 마음이 넓어지며, 인간의 마음이 성숙해진다.… 이는 교제 즉 상호작용에 의해서만 가능하다."

프랑스 출신의 사회학자이자 역사가였던 알렉시스 토크빌 1805~1859이 사회의 신뢰 구축 방법을 강조하며 한 말이다.

그뿐 아니다. 한 나라가 국민들의 신뢰를 얻기 위해서는 엄청난 노력을 해야만 한다.

고대 중국의 경전 가운데 하나인 『한비자』에는 "사목지신徙木之信", 즉 나무를 옮기는 방법을 통해서 백성들을 믿게 한다는 말이 있다.

고대 중국의 진나라에서 백성들은 나라의 법을 신뢰하지 않았다. 불신에 찬 백성들의 믿음을 얻기 위해 정치가 상앙商鞅, ?~기원전338이 실험을 했다.

상앙은 남문 밖에 3미터짜리 막대기를 세워 놓고 이 막대기를 옮긴 자에게 금화 10냥을 준다는 방을 붙이게 했다. 하지만 아무도 이에 응하는 사람이 없었다.

정부에 대한 불신이 가득 찬 백성들은 "말도 안 되는 소리!"라는 반응만 보일 뿐이었다. 백성들은 조정의 말을 믿지 않았던 것이다.

상앙이 다시 방을 붙이게 했다. 이번에는 "금화 50냥을 주겠다."는 내용이었다. 그래도 별 반응이 없자, 여러 번 상금을 올린 끝에 금화 100냥까지 오르게 되었다. 백성들은 여전히 믿지 않았다.

그런데 하루는 한 백성이 속는 셈치고 나무를 옮겼다. 힘든 일도 아니었기 때문에 심심풀이 삼아 옮겼던 것이다. 이에 상앙은 방에 붙인 약속대로 금화 100냥을 주었다.

그제야 백성들은 나라의 말을 믿고 조정에서 내리는 공고에 관심을 갖기 시작했다. 이처럼 정부가 백성과의 한 약속을 지킴으로써 백성들의 신뢰를 얻은 후에야 백성들은 나라의 법령을 믿고 따르기 시작했던 것이다.

사랑과 신뢰는 만인의 마음에 있어 유일한 모유이다. 자신에 대한 신뢰가 타인을 신뢰하는 데 무엇보다 중요한 요소이다.

"자신을 신뢰하는 사람만이 다른 사람을 신뢰할 수 있다Only the person who has faith in himself is able to be faithful to other."

독일 출신의 사회학자인 에리히 프롬1900~1980이 한 말이다.

우리는 최선을 다해 약속을 지키면서 자신에 대한 신뢰를 쌓아간다. 그렇기 때문에 스스로를 신뢰하면서 삶을 행복으로 이끌어주는 종류의 인격을 형성해야 한다. 이 과정에서 자신을 신뢰하고 상대방을 신뢰하는 마음이야말로 사회생활에 중요한 덕목임을 깨달아야 한다.

타인을 신뢰하는 사람들은 공동체의 일반적인 도덕률을 어렵지 않게 받아들인다. 그런데 타인에 대한 신뢰는 상호소통을 정확히 하는 데서 온다. 이처럼 소통은 사회생활의 필수 기능이며 이를 바탕으로 신뢰가 형성되는 것이다.

아무리 보잘것없더라도 한번 약속한 것은 상대방이 감동할 정도로 정확하게 지켜야 한다. 신용과 체면도 중요하지만 약속을 어기면 그만큼 서로의 믿음이 약해지기 때문이다. 리더로서의 진정한 권위와 힘은 직위가 아니라 당사자가 평소에 쌓아둔 신뢰에서 나온다.

그래서 리더십은 '은행계좌'에 비유되곤 한다. 매일매일 자신이 리더로서 신뢰를 얻기 위해 긍정적으로 행동할 때 리더십이라는 저금통에 동전이 하나둘 쌓인다는 것이다.

그렇다면 신뢰를 얻기 위해서는 어떻게 행동해야 할까?

그 구체적 행동에는 다음의 7가지 수칙이 있다. 1. 일관된 행동, 2. 솔선수범, 3. 자기희생, 4. 공정함, 5. 도덕성, 6. 명확한 기대치 공유, 7. 인간미, 등이 여기에 해당한다.

신뢰할 수 없는 사람은 쓸모가 없다고 해도 지나친 표현이 아니다. 또한 상대방을 신뢰하지 않는 사람은 누구의 신뢰도 받지 못한다. 나는 최선을 다해 약속을 지키고 나에 대한 신뢰를 쌓아가야만 하는 것이다.

〈신뢰에 관한 격언〉

1. 당신 자신을 신뢰하라. 삶을 행복으로 이끌어줄 그런 종류의 인격을 만들어라 : 포스터 맥클레란

2. 신뢰를 얻고 싶으면 행동으로 보여라 : 니체

3. 신뢰를 받는 것이 이름 있는 사람 되는 것보다 낫다 : 시어도어 루즈벨트

4. 믿음은 고통 속에서 빛나는 별이다 : 토마스 만

5. 신뢰받는 것은 사랑받는 것보다 더 큰 찬사이다 : 조지 맥도널드

6. 신뢰야말로 재능이나 지식보다 더 교제를 심화시킨다 : 라 로슈푸코

7. 자기 자신을 신뢰하는 자는 군중을 지도하고 지배한다 : 호라티우스

8. 사람과 사람이 접촉함에 있어서 가장 큰 신뢰는 충고를 주고받는 신뢰이다 : 베이컨

9. 상호신뢰와 상호협조에 의해서 위대한 행위가 이루어지고 위대한 발견이 이루어진다 : 호메로스

03
함께 실천하자!

1) 나누면 두 배 - 베풂

얼마나 많이 주는가보다 얼마나 많은 사랑을 담는가가 중요하다 - 마더 테레사

촛불을 끈 할머니

"계세요?"

중년 부인이 허름한 아파트의 문을 두드렸다.

"문이 열렸으니 들어오세요."

나지막한 할머니의 목소리가 방안에서 들렸다. 중년 부인은 느낌이 좋지 않았지만 방안으로 들어섰다. 하루 종일 모금을 하러 다녔는데 결과가 변변치 않았던 것이다.

해가 져서 밖은 어두워지고 있었다.

중년 부인은 하루를 마감하면서 마지막으로 이 집의 방문을 두드렸던 것이다. 어두컴컴한 방에서 할머니는 촛불 두 개를 켜놓고 책을 읽고 있었다. 살림살이는 아주 단출했다. 필요한 물건들로만 가지런히 정리되어 있었다.

"무슨 일로 오셨나요?"

할머니가 안경을 벗고 책을 덮으면서 말했다.

중년 부인은 이번에도 모금이 어렵다고 직감했다. 하지만 일단 들어왔으니 용건을 꺼내기 시작했다.

"예, 저는…."

중년 부인이 말문을 열려는 찰라 할머니가 촛불 하나를 껐다. 그리고는 방문객의 말을 조용히 듣기 시작했다.

어려운 이웃을 위해 모금을 하고 있다는 중년 부인의 설명이 끝나자 할머니는 중년 부인의 눈을 한참 동안 응시했다. 이어서 할머니는 서랍에서 수표책을 꺼냈다. 그리고는 금액을 써서 중년 부인에게 건넸다.

"많지 않아요. 잘 써주세요."

할머니의 얼굴에서는 잔잔한 미소가 퍼지고 있었다.

중년 부인은 내심 100달러 정도라 짐작하면서 감사하다는 말을 빼놓지 않았다. 그리고는 할머니에게 물었다.

"할머니, 좀 전에 촛불 하나를 끈 무슨 이유라고 있나요?"

할머니가 웃으면서 답했다.

"책을 읽을 때는 밝아야 하지만 이야기할 때는 조금 어두워도 상관없기 때문이에요."

들고 보니 맞는 말이었다.

중년 부인은 할머니의 절약하는 생활에 감탄했다.

방을 나와 밝은 복도에서 중년 부인이 좀 전에 건네받은 수표를 꺼내어 금액을 확인했다.

10만 달러였다.

중년 부인과 할머니 중에서 과연 누가 더 행복했을까?

| 어두운 방에서 촛불을 켜고 앉아 있는 할머니 |

돈이 나를 행복하게 해주지 못한다면? 무슨 문제가 있는가? 돈에 문제가 있는 것이 아니라 돈을 쓰는 방법에 문제가 있는 것이다.

돈으로부터 얻을 수 있는 행복과 충족감을 극대화할 수 있는 가장 적합하고 확실한 방법은 욕구를 만족시키는 쪽으로 돈을 사용하는 것이다. 돈은 벌기도 어렵지만 벌어 놓은 돈을 쓰는 것도 결코 쉬운 것이 아니다.

돈이라는 것은 많이 쓰고 많이 벌어야 한다. 여기서는 순서가 중요하다. 항상 순서는 쓰는 것이 먼저다. 하지만 대부분의 사람들은 버는 것을 우선시한다. 버는 것보다 더 중요한 것은 쓰는 것이다. 그렇다면 과연 돈을 어떻게 사용할 것인가?

미국의 한 심리학회가 남에게 베풀고 이웃을 돕는 사람이 그렇지 않는 사람보다 두 배나 오래 산다는 추적 조사 결과를 발표한 적이 있다. 그에 따르면, 선행을 일상생활 속에서 실행하는 부부들의 대다수가 오랫동안 장수했다는 것이다. 또한 남을 돕는 일에 무관심하게 살았던 사람들이 일찍 죽을 확률이 훨씬 높았다는 것이다. 이처럼 우리는 돈이 많은 사람만이 베푸는 것으로 잘못 인식하고 있는 것이다.

행복을 누릴 수 있는 핵심적인 열쇠는 우리가 얼마나 성공적인가가 아니라 성공을 가지고 뭘 하느냐에 달려 있다. 소득을 얼마나 많이 벌었는가가 아니라 소득을 어떻게 분배하는가에 달려 있는 것이다.

이와 관련해서 풍요에도 여러 단계가 있다. 가장 아래 단계는 물질의 풍요, 중간 단계는 마음의 풍요, 최상의 단계는 나눔의 풍요이다.

예로부터 서양에서는 기부 문화가 정착되었고 어릴 때부터 실천하는 삶을 산다. 아마도 소득의 1/10을 기부하는 기독교의 십일조와 같은 종교적 영향을 많이 받았기 때문일 것이다. 돈이라는 것은 가지고 있는 것만으론 의미가 없다. 돈이 있는 사람이라면 잘 누리고 잘 쓰는 사람이 되어야 한다.

우리나라 속담에도 "개처럼 벌어서 정승처럼 써라."는 말이 있다. 번 돈을 잘 써야 한다는 뜻이다. 이와 관련한 재미난 일화가 있다.

미국의 억만장자였던 록펠러1839~1937가 겪었던 일이다.

록펠러는 33세에 백만장자가 되었고 43세에 당시 미국의 최대 부자가 되었으며 53세에 세계에서 가장 돈이 많은 갑부가 되었다. 하지만 부자가 되었음에도 그는 행복하지는 않았다고 한다.

록펠러가 나이 55세에 갑자기 불치병으로 사형선고를 받아 병원에서 최종 검사를 하던 중 로비의 책자에서 한 글귀를 읽었다.

"주는 자가 받는 자보다 복이 있나니."

그 글을 보는 순간 록펠러는 뭔가를 깨달았다. 그런데 갑자기 병원 로비가 시끄러워지기 시작했다. 돈이 없어 입원을 하지 못한 환자의 어머니가 병원에 통사정을 하고 있었던 것이다. 록펠러는 비서를 시켜 그 환자의 병원비를 몰래 지불하게 했다. 이에 그 환자는 입원해서 회복한 후에 퇴원할 수 있었다.

이 과정을 지켜본 록펠러는 그때 얼마나 기뻤는지 자서전에 이렇게 적었다.

"살면서 이렇게 행복한 삶이 있는지 몰랐습니다."

그때부터 록펠러는 나눔의 삶을 실천하면서 살기로 결심했다. 그런데 그 결심을 실행에 옮김과 동시에 신기하게도 록펠러의 불치병도 나았던 것이다. 그 후로 록펠러는 98세까지 장수를 누렸다. 그는 전반 55년은 쫓기듯 살았지만 후반 43년은 행복하게 살았다고 자신의 삶을 회고했다.

우리는 빌 게이츠나 워런 버핏과 같은 세계적인 부자들의 기부 활동에 관한 뉴스를 자주 듣는다. 그들은 살아생전 모은 돈이나 유산을 후손에게 물려주지 않겠다고 공표하면서 사회단체나 재단을 만들어 기부하고 있다.

미국에서 가장 어린 나이에 백만장자가 된 파라 그레이Para Grey는 리얼리어네어Reallionaire라는 새로운 표현을 만들었다.

"돈을 그냥 소유하는 게 아님을 깨달은 사람, 주머니만 채우는 게 아니라 마음도 채우는 것이 성공임을 아는 사람"이 리얼리어네어라는 것이다.

29세에 미국의 명문 교육 기관인 와튼 스쿨의 종신 교수가 된 애덤 그랜트Adam Grant는 『기브 앤 테이크Give and Take』에서 베푸는 사람인 "기버giver, 기부자"가 성공한다고 주장했다.

본인의 성공에 필요한 강력한 방법이 타인을 도와주는 데에 있다는 것이다. 성공한 기버의 공통적 특징은 타인의 이익뿐 아니라 자신의 이익에도 관심이 많다는 것이다.

그에 따르면 기버의 삶을 보면 대부분 풍요롭게 살았던 것이 아니라 검약한 삶을 살았다는 것이다. 그렇다고 인색한 삶을 산 것도 아니다. 진정한 절약은 인색이 아니라 모든 물건이 그 가치를 충분히 발휘하게 하는 것이기 때문이다.

인색과 검약은 분명히 다르다. 자신에게 냉정한 것이 검약이라면 타인에게 냉정한 것이 인색이다. 어디에 어떻게 쓰는가가 더 중요한 것이다. 노력 여하에 따라서 오늘의 바보가 내일의 현자가 될 수도 있고 어제의 부자가 오늘의 가난뱅이가 될 수 있다. 그러므로 이러한 부단한 노력이 오늘날 높이 칭송받고 있는 것이다.

한마디로 베풂이란 타인에게 베푸는 것이 아니라 자기 자신의 의무를 다하는 것이다.

남에게 의지하거나 남에게 도움을 주는 방법에 베푸는 봉사가 있다. 봉사는 우리의 삶을 풍요롭게 채우는 좋은 수단 가운데 하나이다. 봉사는 내가 가진 것을 그것이 부족한 다른 이에게 베푸는 것이다. 그것은 물질적인 것일 수도 있고 정신적인 것일 수도 있다.

봉사는 반드시 육체적으로 해야만 하는 것은 아니다. 정신적인 도움, 즉 상담이나 남을 가르치는 것도 봉사이다. 남을 위해서 하는 행동이 봉사이다. 하지만 우리는 그것을 통해서 자신의 내부를 채울 수 있다.

"내가 원하지 않을 바를 남에게 베풀지 말라己所不欲 不施於人. 기소불욕 불시어인"

공자가 한 말이다. 나아가 내가 원치 않는 것을 베풀지 말아야 할 것이 아니라, 그 사람이 원치 않는 것을 그 사람에게 베풀지 않도록 노력해야 한다. 남에게 베풀었으되 베풀었다는 생각조차 버리면 편안하다고 불교의 금강경金剛經도 우리에게 가르침을 전하고 있다.

적극적으로 사랑의 봉사를 하는 사람이 건강하게 장수한다고 했다. 베풂이야말로 우리가 사회생활을 함에 있어서 반드시 실천해야 할 덕목 가운데 하나이다.

〈베풂에 관한 격언〉

1. 호의를 베풀 줄 모르는 사람은 그것을 바랄 권리도 없다
   : 푸블릴리우스 시루스

2. 남에게 주어라. 그리면 하나님께서도 너희에게 주실 것이니, 되를 누르고 흔들어서 넘치도록 후하게 되어서 너희 품에 안겨 주실 것이다. 너희가 되질하여 주는 그대로 너희에게 도로 되어서 주실 것이다 : 누가복음

3. 돈으로 행복을 살 수 있다는 것은 그 돈을 다른 사람에게 쓸 때이다
   : 록펠러

4. 나누지 않는 행복은 행복이 아니다 : 보리스 파스테르나크

5. 모든 사람이 똑같이 '베풂의 근육'을 갖고 있으며, 그 '근육이 처음엔 약하지만 계속 운동하면 강해지는 것처럼 베풂도 시간이 지날수록 사람 간의 관계를 깊고 넓게 만든다 : 애덤 그랜트

6. 인간의 본성에는 두 가지 큰 힘이 있다. 하나는 자기 이익이고 다른 하나는 타인에 대한 배려이다 : 빌 게이츠

7. 한 손은 너 자신을 돕는 손이고 다른 한 손은 다른 사람을 돕는 손이다
   : 오드리 햅번

8. 베푸는 것이 얻는 것이다 : 반기문

9. 은혜를 베풀거든 보상을 바라지 말고 남에게 주었거든 나중에 후회하지 말라 : 명심보감

2) 우리의 바람 - 행복

행복은 우리 자신에 달려 있다 – 아리스토텔레스

작은 어촌

작은 어촌 마을이 있었다. 행색이 허름한 어부가 자신의 배에서 낮잠을 즐기고 있었다.

때마침 그곳을 지나던 백만장자 관광객이 어부를 깨워 말을 걸었다.

"하루에 몇 번이나 고기를 잡으러 나가시오?"

"한 번이오."

어부는 귀찮은 듯이 대꾸를 하고 다시 잠을 청했다. 그러자 관광객은 다시 질문을 했다.

"왜 한 번뿐이오? 많이 나갈수록 돈도 더 많이 벌 텐데."

그러자 어부는 퉁명스럽게 도리어 질문을 했다.

"그렇게 하면요?"

"그러면 돈을 더 많이 벌어 더 좋은 배에 모터까지 설치하면 고기를 더 많이 잡을 게 아니오? 그렇게 하면 3, 4년 후에는 고기잡이배도 늘어날 것이고 그렇게 되면 수입도 늘어날 테니까 나중에는 큰 공장도 차릴 수 있지 않소."

관광객은 장황하게 설명을 했다. 그랬더니 다시 어부는 물었다.

"그다음에는요?"

"돈을 많이 벌면 이런 휴양지에서 편안하게 누워 햇살을 받으면서 낮잠을 즐길 수도 있고 멋진 바다도 감상할 수 있잖소!"

그러자 어부는 씩 웃으며 하는 말이 걸작이었다.

"거 참, 내가 지금 그러고 있잖소!"

| 한가로이 배 안에서 낮잠을 자는 어부와 관광객 |

행복에 관한 이야기가 나오면 자주 등장하는 하인리히 빌의 소설에 나오는 이야기다.

과연 누가 더 행복한 사람일까? 백만장자일까? 어부일까?

대부분의 사람들은 백만장자를 택할 것이다. 일단 돈은 많고 보자는 생각에서 그럴 것이다. 어디를 가든 우리는 '행복'이라는 단어를 보고 듣는다. '행복'이라는 단어는 현대인의 사전에서 가장 혼란스러운 단어로 꼽힐지 모른다. 그 정도 면에서는 '사랑'이라는 단어를 앞지를 것이다. 그렇다면 과연 행복이란 무엇인가? 그 정의부터 살펴보자.

사무엘 존슨1709~1784은 1755년 출간한 최초의 영어사전에서 '행복'을 두 가지 의미로 정의했다.

첫 번째는 '지복至福', 즉 욕구가 충족되어 만족스런 상태이다. 두 번째는 '행운good happy'이다.

영어로 행복을 뜻하는 'happy'는 고대 스칸디나비아어인 'happ'에서 유래했는데, 원래 이 단어의 뜻은 '행운'이라고 한다. 다른 사전들에서는 '몸이나 마음의 감정에 기초한 주관적인 행복감, 강한 내적 만족과 기쁨의 상태, 소망이 충족되고 내적 조화가 이루어진 상태', '원하는 것을 소유하거나 향유할 때 생기는 즐겁고 편안한 마음', '내적 만족과 기쁨이 고조된 생태', '희망과 소망의 포괄적인 성취를 통해 생기는 기쁨의 상태' 등, 여러 가지로 정의되고 있다.

결론적으로 행복은 '만족감에서 강렬한 기쁨에 이르는 모든 감정상태를 특징짓는 안녕의 상태'라고 할 수 있다.

이런 추상적인 뜻풀이보다는 실생활에서 접하는 행복의 순간들에서 의미를 쉽게 떠올릴 수 있다.

갈증을 해소하는 시원한 맥주 한잔, 유쾌한 만남과 맛있는 식사, 반가운 친구와의 뜻밖의 재회와 기쁨·쾌활함·유쾌함 등은 '작고 짧은 행복'이라고 할 수 있다. 반면에 도취·열광·환희·지복至福·승리·감격·황홀·몰아 등은 '길고 큰 행복'이라고 할 수 있다.

이렇듯 하루의 행복이 '효용utility'이라면 한 달은 '행복'이며 더 긴 시간의 행복은 '만족'이라고 할 수 있다.

행복!

이 한마디가 누구에게나 인생의 지표이고 희망이며 욕구다. 우리는 누구나 행복을 원한다. 또한 행복하게 살기를 바란다. 그렇기 때문에 행복이 삶의 지표이고 보람인 것이다. 하지만 그 누구도 1년 365일 하루 24시간 행복할 수는 없다.

몇 분의 행복과 짧은 은총의 순간과 어렴풋한 평온함은 누구에게나 주어진다. 누구에게나 평화가 느껴지고 삶이 나아가는 방향이 만족스러울 때가 온다. 잠시 우리 주변을 둘러보면 수많은 행복한 순간들을 목격할 수 있다.

서로를 바라만 보아도 좋은 사랑하는 남녀들, 아이들 재롱에 시간 가는 줄 모르는 엄마와 아빠의 미소, 남에게 도움이 되는 일을 하고 나서 느끼는 뿌듯한 감정, 남에게 당하고 살면서도 늘 미소를 잃지 않는 사람 등, 하루에도 수많은 행복을 우리는 보고 느끼고 있는 것이다.

그런데 우리는 살면서 행복한 순간이 너무 드물다고 생각한다. 게다가 막상 행복한 순간이 와도 알아차리지 못한다. 행복한 순간이 지나고 한참 후에 새로운 관점이 생겼을 때 비로소 과거의 그 순간이 행복임을 깨닫는 경우가 얼마나 많은가!

행복은 우리 곁에 결코 오래 머물지 않는 법이다. 시간이 상대적이기 때문일 것이다. 행복한 순간이 빠르게 흘러간다면 슬픔의 순간은 아예 기억의 집에 들어 앉아 초대받지 않은 손님들과 함께 떠나기를 거부하는 것만 같다. 그렇기 때문에 우리는 무엇이 행복인지 정확히 알지도 못할뿐더러 느끼는지도 못하고 있는 것이다.

아리스토텔레스기원전384~기원전322는 행복은 삶의 의미이자 목적이요 총체적 목표라고 했다.

사람들은 누구나 매일매일 행복을 얻기 위해 살아간다. 하지만 행복의 본체인 마음은 등한시하고 행복의 걸림돌인 물질에만 집착하는 듯하다. 기본적인 의식주만 해결되면 그다음부터는 물질에 대한 욕망을 최대한 줄이는 것이 행복의 지름길임을 모르고 있는 것이다.

진정으로 행복해지기 위해서는 욕심을 줄이고 남과 비교하지 않아야 한다. 또한 낙관적인 태도로 삶을 살아야 한다. 욕망의 쳇바퀴 때문에 우리가 느끼는 행복감도 다람쥐의 쳇바퀴처럼 더 많이 행복해지기 위해서 아무리 애써도 행복은 일정한 수준에서 왔다 갔다만 할 뿐 더 이상 행복해지지 않는다.

우리가 살아가는 의미가 행복에 있다고 한다면 인생의 진정한 가치는 행복을 느끼는 마음가짐에 있다고 할 것이다.

삶의 궁극적인 목적은 누구에게나 행복에 있다. 살아가면서 숱하게 많은 선택의 기로에 서는 우리가 선택의 기준으로 무엇을 삼느냐에 따라 행복의 열쇠도 달라진다.

레이어드 교수는 행복에 결정적인 영향을 미치는 7가지 요소를 꼽으며, 이를 '빅 세븐Big 7'이라고 했다. 가족, 돈, 일, 친구, 건강, 자유, 가치관 등이 그것이다.

이처럼 인간을 행복하게 만드는 요소로서 경제력, 유전자, 사회적 지위, 가족과 함께 지내는 시간, 현실에 대한 만족감 등이 꼽힌 것이다.

무엇보다 행복하게 살기 위해서는 행복의 정의부터 제대로 내려야 한다. 행복은 성취도 결과도 아니기에 안달하거나 급하게 서두를 필요가 없기 때문이다. 누군가가 나보다 앞서 간다고 시기나 질투를 할 필요도 없다. 그렇다고 타인의 행복을 위해 자기 삶을 희생해서는 안 된다.

탄탄하고 오래 지속되는 참된 사랑은 자기 자신의 행복과 타인의 행복을 동시에 추구하는 사랑이다. 이를 통해서 우리는 함께 행복해야 한다.

행복을 구성하는 세 가지 요소로는 좋은 느낌과 긍정적인 마음과 활기 넘치는 생활과 인생에서 가치 있는 선택을 하는 것 등이 꼽힌다. 원하는 것을 얻고 그것을 계속해서 소중히 여기는 것이 바로 참된 행복인 것이다.

사소한 일에 행복을 느끼며 즐거워하는 게 남자라면 여자는 사소하지 않은 일을 뇌에 행복한 순간으로 입력한다고 한다. 그런데 남녀를 통틀어 행복한 사람이라면 객관적으로 생활하고 자유로운 애정과 광범위한 흥미를 지닌 사람이다. 이러한 흥미와 애정을 통해 자기의 행복을 성취하면서 자기가 남에게 흥미와 애정의 대상이 됨으로써 행복을 느끼는 사람인 것이다.

정신적 습관인 행복은 그 자체로 훌륭한 치료제이다. 행복할 때 우리는 생각하는 수준이 높아지고 또한 행동하고 느끼고 반응하는 수준도 높아지기 때문이다.

행복한 인생이란 얼마나 더 많은 돈을 벌고 이득을 얻었느냐가 아니다. 자신의 삶을 얼마나 훌륭하게 예술 작품으로 조각해 나갔느냐에 따라 결정되는 것이다. 참된 행복은 운이 좋거나 기회를 잘 잡아

얻어지는 것이 아니다. 행복은 때로 신이 내린 축복처럼 찾아오기도 하지만 보통은 정복해서 쟁취해야 할 대상인 것이다.

재능이나 행운을 타고나는 사람들이 있다. 하지만 이 세상에는 힘써 배우고 어렵게 훈련한 끝에 성공에 이르는 사람들이 그들보다 훨씬 많다. 게다가 무엇보다 다행인 것은 참된 행복을 얻기 위한 비법은 누구라도 배울 수 있을 만큼 쉽다는 것이다. 따라서 생각하고 느끼고 행동하는 방식을 조금만 변화시키면 행복에 이르는 과정에 들어설 수 있다. 불행은 이런 준비가 부족한 현실에서 일어나는 것이다.

아무런 준비 없는 사람이 어떻게 행복을 선택할 자유를 누릴 수 있겠는가?

행복이란 감사하는 마음, 건강한 몸, 마음에 드는 일, 나를 사랑해주는 한 사람, 믿어주는 친구들을 내 곁에 두는 것이다. 그렇기 때문에 자신이 우주를 구성하고 있는 한 성원임을 자각하고 우주가 베푸는 아름다운 광경과 기쁨을 만끽하고 누리는 사람이 바로 행복한 사람인 것이다.

인간은 스스로 행복을 만들어 내는 기능공이다. 행복은 '한 방'의 대박으로 오지 않는다. 행복은 인간이 훌륭하고 멋진 인생이라는 것에 투자하는 대가로 자연이 지불하는 이자다. 그것은 완성되었을 때의 포상금이 아니라 올바른 방향으로 첫걸음을 내딛을 때부터 받을 수 있는 배당금인 것이다. 게다가 이자는 복리로 늘어난다. 이렇듯 행복은 기쁨의 강도가 아닌 빈도에서 온다.

행복이란 배고플 때 먹는 한 끼의 식사이며 낙심에 빠졌을 때 건네는 한마디 위안이다. 또한 넘어졌을 때 일으켜 세워주는 누군가의 손이다. 그뿐 아니다. 행복은 야근을 마치고 피곤한 몸으로 집에 왔을 때 켜져 있는 밝은 등과 같다.

행복은 느끼려고만 하면 쉽게 감지할 수 있고 얻을 수 있다. 지금의 행복이 하나하나가 모이면 평생의 행복이 된다. 이처럼 우리의 일상 중에 수많은 행복이 기다리고 있다. 이상적인 행복은 첫째 완전하고 둘째 지속적이며 셋째 만족스럽고 넷째 전반적인 인생을 아우른다.

행복은 소유하는 것이 아니라 느끼는 마음이다. 행복이란 양질의 생각이자 마음의 상태이다. 행복이란 경험했던 것들로부터 나온다고 생각하기 쉽다. 하지만 행복은 우리의 마음속에 자리 잡고 있는 것이다.

그러므로 행복의 비결은 필요한 것을 얼마나 갖고 있는가가 아니라 불필요한 것에서 얼마나 자유로워져 있는가에 있다.

'위에 견주면 모자라고 아래에 견주면 남는다.'는 말이 있듯이 행복을 찾는 오묘한 방법은 내 안에 있다. 최고의 행복은 저절로 얻어지는 것이 아니다. 스스로 만들어 가면서 얻을 수 있는 것이 행복인 것이다. 그 과정에서 자신의 강점을 발휘하고 남에게 베푸는 행동을 할 때 행복과 만족은 최고의 수준이 된다.

나비와 같은 것이 행복이다. 잡으려고 쫓아가면 어느새 달아나지만 가만히 앉아서 기다리면 내게 날아와 앉는 것이 바로 행복인 것이다.

행복을 쫓아서는 안 된다. 쫓는다고 잡히지도 않는 것이 행복이다. 행복을 스스로 내게 오도록 만들어야 한다.

〈행복에 관한 격언〉

1. 어리석은 사람은 먼 곳에서 행복을 찾고 현명한 사람은 자기 발밑에서 행복을 키운다 : 오펜하임

2. 행복은 목적지가 아니라 여행길이다 : 윌리엄 제임스

3. 우리는 마음먹는 만큼 행복해진다 : 에이브러햄 링컨

4. 행복이란 자기 분수를 알고 그것에 만족하는 것이다 : 로맹 롤랑

5. 세상에서 가장 행복한 사람은 고통을 최소화하는 사람이며, 가장 불행한 사람은 기쁨을 최소화하는 사람이다 : 루소

6. 행복은 신에게 선물 받는 것이 아니라 성취하는 것이다 : 버트란드 러셀

7. 하루가 행복해지고 싶으면 술을 마셔라. 일 년을 행복하게 살려면 결혼을 해라. 평생 행복을 느끼려면 정원을 가꾸어라 : 중국 속담

8. 행복은 우리를 둘러싼 환경과 각자가 처한 상황과 저마다 품은 꿈 등에 따라 달라진다. 그래서 누구에게나 적용되는 행복의 공식을 제안하는 것은 불가능하다 : 에드와도르 로라

9. 사랑은 자신의 행복보다 타인의 행복이 더 중요해지는 상태를 말한다 : 로버트 하인리히

04

함께 살아가는 방법
- 바르게 표현하라 正論, 정론

지혜로운 사람처럼 생각하고 평범한 사람처럼 표현하라 - 윌리엄 예이츠

세 가지 질문

어느 날 황제가 신하들을 불러 놓고 세 가지 질문을 던졌다.

"첫째, 인생에서 가장 중요한 때는 언제인가? 둘째, 인생에서 가장 중요한 사람은 누구인가? 그리고 마지막으로 인생에서 가장 중요한 일은 무엇인가?"

현명한 신하가 이렇게 답하였다.

"첫 번째 물음에 대한 답은 '지금'입니다. 그리고 두 번째 물음의 답은 '바로 내 곁에 있는 사람'입니다. 마지막 물음의 답은 '그 사람을 위해서 좋은 일을 하는 것'입니다."

바꿔 말하면 지금 이 순간 우리가 만나고 있는 사람에 대해 최선의 노력을 다하는 것이 인생에서 가장 중요한 일인 것이다.

위의 일화는 톨스토이1828~1910의 단편 「세 가지 질문」에 나오는 이야기이다.

| 임금과 신하들 |

　인류 역사상 가장 위대한 발명은 말₌과 글이다. 언어는 사회생활을 하는 데 꼭 필요한 도구이다.

　그리스어로 로고스logos는 '말', '토론', '척도', '이성'을 뜻한다. 말₌은 서양의 이성관의 핵심이 되었다. 소크라테스도 '말하라. 그러면 내가 너를 볼 수 있다'라고 말을 강조했다. 로고스를 중시한 것이야말로 '서양다움'이다. 이러한 말에 대한 신뢰는 성서에 '태초에 말씀이 있었다.'라고 표현되었다.

　사람의 인격은 먼저 말에서부터 그다음은 행실에서부터 드러나기 마련이다. 그래서 자기를 표현하는 데 말처럼 좋은 수단은 없다. 그렇다고 장황하게 말해야만 자기를 잘 표현하는 것은 아님을 잊어서는 안 된다.

　뻔지르르한 교언영색巧言令色보다는 입바른 소리가 아닌 진심을 담은 눌변이 더 낫다. 지나치게 말을 잘하면 신뢰가 가지 않는다.

"간결하게 요점만을 보고하여 상대를 납득시키지 못하는 사람에게는 큰일을 맡길 수 없다."

일본의 경영자 세지마 류조1911~2007가 말하기의 요령을 강조하며 한 말이다.

본인의 의견을 정확하게 상대에게 전달하기 위해서는 충분한 지식과 확고한 자기주장과 신념이 필요하다. 그러기 위해서는 먼저 많은 준비와 노력과 연습이 필요하다.

질문은 상황을 명확히 파악하는 데 도움이 된다. 질문을 통해서 타인의 신념과 행동과 욕망 등을 더 잘 이해하기 위한 해답을 찾기가 더 쉬워지기 때문이다. 따라서 정답보다 질문이 더 중요한 것이다.

질문하는 사람은 답을 피할 수 없다. 또한 질문 안에 모든 답이 있다. 따라서 질문은 내 안의 답을 찾는 현명한 방법이다. 우리는 항상 올바르게 질문하고 올바르게 답을 찾는 훈련을 쉬지 않아야 한다.

'빙산氷山 이론'이라는 것이 있다. 우리가 볼 수 있는 빙산의 모습은 전체의 1/9밖에 안 된다. 자신의 8/9가 물에 잠기어야만 1/9이 떠있을 수 있는 것이 빙산이다. 바꿔 말하면 아름다운 빙산의 자태 1은 그보다 8배나 많은 물에 잠겨 보이지 않는 부분 덕택이다. 이처럼 자기가 표현하고자 하는 주장과 이론을 위해서는 8배 이상의 많은 지식과 노력이 필요하다.

철저한 이론적 뒷받침이 없이는 자기의 소신을 정확하게 표현하기란 결코 쉬운 게 아니다. 자기의 목소리를 내지 못하면 상대방을 설득하거나 그에게 감동을 줄 수 없다.

"남을 설득하는 것은 어려운 일이다. 여기서 어려움은 내가 알고 있는 것을 상대에게 납득시킬 수 있는가 하는 어려움이 아니다. 거리낌 없는 언변으로 내 뜻을 분명하게 전달할 수 있는가 하는 어려움도 아니다. 설득의 어려움은 바로 설득하려는 상대의 마음을 헤아려 나의 언변으로 그 마음에 맞출 수 있는가 하는 데 있다."

고대 중국의 철학자인 한비자약 기원전280~기원전233가 한 말이다.

내가 무슨 말을 했느냐가 중요한 것이 아니다. 상대방이 무슨 말을 들었느냐가 더 중요하다. 이처럼 인간에게 가장 중요한 힘은 표현력이다.

현대인의 삶은 하루하루가 설득의 연속이라고 해도 지나치지 않는다. 설득이란 이해 관계자와의 문제를 해결하는 것이다. 인간관계는 설득과 납득의 균형이 잘 잡히면서 이루어진다. 그래서 현대 사회에서 '프리젠테이션presentation은 인생이다.'라는 말이 생겨났다. 그만큼 자기 자신을 잘 표현해야 하는 것이다.

정확한 표현을 위해서 먼저 고려해야 할 3가지 요소가 있다. 무엇내용을, 어떻게연출 방법, 누가전달자 등이 그것이다. 여기에 자기표현을 잘하기 위한 5가지 요령은 다음과 같다.

첫째, 대화식으로 풀어야 한다.

둘째, 자신 있게 발표하되 겸손해야 한다.

셋째, 쉽게 말하고 평범하게 진행해야 한다.

넷째, 열정적으로 진지하게 전달해야 한다.

다섯째, 직간접적인 사례를 들면서 상대방의 이해를 도와야 한다.

이와 더불어 전달하는 말의 4대 원칙으로는 말의 강약과 속도, 말의 간격, 감정이 깃들인 말, 그리고 변화 있는 목소리 등을 꼽을 수 있다.

다른 한편으로 자기표현을 잘하기 위해서는 무엇보다 명확한 의사전달이 중요하다. 경우에 따라 목소리를 바꿀 필요도 있다. 하지만 자신만의 스타일을 가져야 한다. 달변보다는 진실한 말 한마디가 훨씬 감동적인 경우가 많다.

솔직함이 깃들인 화법은 상대에게 즐거움을 주기도 한다. 상대방에게 눈높이를 맞추고 이야기하면 설득력은 배가된다. 게다가 옷차림과 말은 상대방에게 하나로 받아들여진다. 이 모든 것 중에서 가장 중요한 것은 쉽게 말하는 것이다.

한마디로 설說은 열悅해야 한다. 상대방이 나의 말을 듣고 기뻐해야 할 정도로 말을 해야 한다는 것이다.

그런데 대화를 하다 보면 자칫 잘못하면 논쟁으로 번질 때도 있다. 서로의 주장을 지나치게 강조해 고집을 부리면 논쟁이 되기 십상이다.

논쟁은 충돌이라는 의미의 단어 'percussion'과 충격이라는 의미의 단어 'conclusion'과 같은 뿌리에서 나온 단어이다. 서로의 의견을 주고받으며 자신의 생각과 의견이 옳다는 것을 상대방에게 관철시키기 위해 겨루는 것이 바로 논쟁인 것이다. 자신의 주장을 내세우지 않고 남의 주장에 들어 있는 허점을 공격하는 것은 논쟁에서 이기기 위한 가장 좋은 방법이다.

반면에 그리스어에 뿌리를 두고 있는 대화dialogue는 사람과 사람 사이로 의미가 자연스럽게 흐르는 것을 뜻한다. 대화하는 사람이라면 새로운 식견과 더 높은 수준의 이해를 얻고자 다른 사람의 관점을 통해 배우려고 노력한다. 그 결과 대화에서는 모두가 승자인 셈이다. 논쟁에 귀를 기울이되 논쟁에 끼어들지 않도록 해야 한다.

인생에 있어서 어떤 종류의 것이든 문제를 해결하는 데 성공의 지름길은 정견正見이요 실패의 지름길은 편견偏見이다. 정견은 본인을 포함해서 상대방의 입장에서도 상황을 파악하는 것이다. 반면에 편견은 본인의 입장에만 치우쳐 상황을 파악하는 것이다.

나아가 편견보다 더 나쁜 것은 자신의 처지를 망각하고 '다 안다'고 우쭐대는 교만이다. 그렇게 때문에 자기의 소신을 정확하게 상대에게 전달하는 기술이 사회생활을 하는 데 절실히 필요한 것이다.

〈표현에 관한 격언〉

1. 아는 것을 안다고 하고 모르는 것을 모른다고 하는 것이 말의 근본이다
   : 순자

2. 한 마디의 말이 들어맞지 않으면 천 마디의 말을 더 해도 소용이 없다.
   그러기에 중심이 되는 한 마디를 삼가서 해야 한다. 중심을 찌르지 못
   하는 말일진대 차라리 입 밖에 내지 않느니만 못하다 : 채근담

3. 말이 있기에 사람은 짐승보다 낫다. 그러나 바르게 말하지 않으면 짐승
   이 그대보다 나을 것이다 : 사아디

4. 말을 많이 한다는 것과 잘 한다는 것은 다르다 : 소포클레스

5. 가혹하고 부정적 뜻이 함축된 증상의 말들을 피하라. 언어란 사고의 토
   대이고 사고는 감정의 영역이다. 그러므로 올바른 말을 선택하면 상황에
   따른 상대방의 반작용을 실질적으로 감소시킬 수 있다 : 데이비드 리버만

6. 동양은 언어가 어려워 논리가 쉬워지고 서양은 언어가 쉬워 논리가 어
   려워질 수밖에 없었다 : 김용옥

7. 문장은 거기에 쓰이는 언어의 선택으로 결정된다. 평소에 쓰이지 않는
   말이나 동료들끼리만 통하는 표현은 배가 암초를 피하는 것처럼 피해
   야 한다 : 율리우스 카이사르

8. 설득은 남의 이견을 존중하는 데서 시작해야 한다. 한 번에 성과가 있
   기를 바라지 말아야 한다 : 디즈레일리

9. 논리적이고 설득력 있는 문장을 쓰기 위해 문장의 기술을 아무리 배웠
   다고 해도 논리적인 글을 쓸 수 있는 것은 아니다. 자신의 표현이나 문
   장을 개선하기 위해서는 기술을 배우기 전에 자신의 머릿속을 먼저 개
   선해야 한다 : 니체

난 사람[才人]보다 된 사람[成人]이 되라

성공한 인간이 되려고 노력하지 말라. 가치 있는 인간이 되려고 노력하라

－ 아인슈타인

니얼 퍼거슨은 『시빌라이제이션Civilization』에서 다른 세계가 갖지 못했던 서양 문명만의 비상한 무기를 6가지 개념으로 요약했다. 경쟁, 과학, 재산권, 의학, 소비, 직업 등이 그것이다. 그중에서 경쟁은 인간의 삶에 커다란 영향을 미쳤다.

우리는 그동안 서양 문명에 젖어 오직 경쟁만이 살 길이라고 배웠으며 또한 그렇게 실천하며 살아가고 있다. 그 결과 누구나 경쟁에 뒤지지 않으려고 남을 짓밟고 앞으로만 나가고 있다.

그렇다면 과연 경쟁만이 살길인가 자문해야 시점이 바로 지금이다. 최고가 되지 않으면 도태되는 것일까? 반드시 그런 것만도 아니다.

최선의 2등이 최고의 1등보다 더 각광을 받는 경우가 많이 있다. 최고보다 더 많은 박수를 받는 2등이 있다. 우리나라의 2014년 프로야구에 그 좋은 본보기가 있다.

2014년 한국 프로야구의 최종 우승자는 삼성이었다. 그것도 4년 연속 우승은 한국 프로야구 역사상 처음 있는 사건이었다. 문자 그대로 2014년 최고의 팀은 삼성이었다.

하지만 2014년의 진정한 승자는 넥센이라고 해도 과언이 아니다. 삼성은 코리안시리즈 우승으로 최고의 팀이 되었지만 일반적으로 우승팀에서 나오는 최우수선수MVP를 배출하지는 못했다.

최우수선수는 넥센 소속 4명의 선수가 경합했다. 그야말로 넥센의 집안 잔치였다. 골든글로브상도 최다인 4개 부문이 넥센의 몫이었다.

특히 강정호 선수는 2014년 플레이오프에서는 15타수 8안타 2홈런 4타점 5득점 2사사구, 타율 0.533, 출루율 0.588, 장타율 0.933, OPS 1.521을 기록하며 창단 역사상 팀을 최초로 한국시리즈에 진출시키며 플레이오프 MVP에 선정되었다.

강정호 선수는 시즌 종료 후, 골든글러브상 투표에서 총 321표 중 305표를 득표, 득표율 95%로 최고 득표율을 기록하면서 3년 연속 골든글러브상을 수상하기도 했다. 게다가 국내 프로야구 선수들의 꿈인 미국 메이저리그의 피츠버그 파이어리츠로 진출하는 데도 성공했다.

이처럼 넥센은 2014년 한국 프로야구에서 최고의 팀은 아니었다. 하지만 팬들의 가슴에 영원히 남는 최선을 다하는 팀이 되었던 것이다.

프로야구 넥센팀은 미국계 투자자문 회사인 센테니얼 인베스트먼트Cetenial Investment사가 창단한 한국 프로야구의 제8구단이다.

국내 프로야구 초창기부터 출범한 창단 멤버가 아닌 최근에 설립된 초보 야구단이다. 2008년 1월 30일 창단한 넥센은 2008시즌부터 정규 리그에 참여했다. 연고지가 서울인 넥센의 구단 운영은 기존의 7개 구단이 모그룹의 홍보 지원금으로 운영되는 것과는 다르다. 이른바 '팀 스폰서' 방식으로 이루어지는 것이 특징이다.

팀의 첫 번째 스폰서는 민간 담배회사인 우리담배(주)로서 2008년부터 2010년까지 3년 동안 연간 100억 원씩 후원하기로 계약을 했다. 그 후 2010년 넥센타이어(주)와 계약을 체결하여 팀의 구단 명칭으로 '넥센 히어로즈Nexen Heroes'를 사용하고 있다.

당시까지의 팀 성적은 매우 초라했다. 아니 당연한 결과였다. 첫해인 2008년에 50승 76패의 승률 0.397로 페넌트레이스 7위, 2009년에는 6위, 2010년에는 7위, 2011년에는 8위, 2012년에는 6위를 기록하는 등 하위권에서 맴돌았던 것이다. 그런 넥센이 2013년에 정규 리그 순위 3위에 올라 처음으로 포스트시즌에 진출했던 것이다.

하지만 준플레이오프에서 두산 베어스에 2승 3패로 패하여 탈락하고 말았다.

이랬던 신생팀 넥센이 2014년에는 뛰어난 명장 감독이 지휘봉을 잡은 것도 아니고 고액 연봉의 번변한 유명 선수도 없었음에도 오로지 팀워크와 최선을 다하는 자세로 엄청난 일을 해냈던 것이다.

2015년 3월 31일 월드컵 경기장에서 뉴질랜드와 평가전 전반 42분.
서울 월드컵 운동장에 모인 관중들이 한 선수에게 기립 박수를 보냈다. 대한민국 축구 국가대표 차두리 선수가 국가대표 선수에서 은퇴하는 기념식이 열렸던 것이다.

차두리 선수는 경기 전반이 끝난 하프타임 때에 눈물을 흘리며 말했다.

"나는 정말 복 받은 사람이다. 항상 감사하며 살아가겠다. 내가 한 것 이상으로 많은 사랑을 받아 감사하다. 한편으로는 부끄럽고 미안했다. 나는 정말 행복한 축구선수다."

차두리 선수는 역시 축구 국가대표 선수 출신이었던 아버지 차범근 전 대한민국 축구 대표팀 감독만큼 유명하지도 않았고, 박지성 선수나 손흥민 선수처럼 뛰어난 성적을 거둔 선수도 아니었다.

13년 143일간 축구 국가대표 태극마크를 달고 뛰었던 기간 동안 차두리 선수의 축구 인생은 파란만장했다.

국가대표 선수로 75번 출전한 시합 중에서 37번은 공격수로 38번은 수비수로 뛰었다. 공격수에서 수비수로 포지션을 바꾼다는 것은 실로 큰 모험이 아닐 수 없었다. 득점을 해서 남들에게 박수를 받는 공격수에서 음지의 수비수가 된다는 것은 축구 인생에 부정적인 결과를 가져올지 모를 결정적인 변화를 겪어야 한다는 것을 의미하는 것이었기 때문이다. 하지만 그는 묵묵히 자기의 축구를 해 나갔다.

"나도 잠깐 빛을 본 적이 있지만 어둠도 익숙하다."

차두리 선수의 말이다.

2015년 아시안컵 우즈베키스탄과의 8강전에서 차두리 선수는 축구 선수로서는 나이 환갑이라고 할 수 있는 35살의 노장임에도 불구하고 70미터의 운동장을 폭풍처럼 질주해서 공격수 손흥민 선수의 골을 도왔다. 손흥민의 골도 멋있었지만 온 국민을 감동시킨 것은 차두리 선수의 투혼의 질주였다. 어려운 시기를 극복하고 이룬 성과였다.

차두리 선수는 온 국민이 지켜보는 가운데 그라운드를 국가대표 선수를 떠났다. 그의 축구인으로서의 인생은 여기가 끝이 아니다. 차두리 선수의 휴대폰에 이런 문구가 쓰여 있다.

"내 최고의 시간은 아직 오지 않았다 Meine beste Zeit kommt noch."

그는 '난' 선수가 아닌 '된' 선수를 원했다. 그렇기 때문에 차두리 선수의 도전은 아직도 진행형인 것이다.

　최고에 이르는 길은 언제나 그렇듯 매우 가파른 급경사로이다. 조금이라도 한눈을 팔면 미끄러져 밑으로 추락하고 만다. 한 치의 실수도 용납하지 않고 오직 앞으로만 전진해야만 최정상에 도달할 수 있다.

　반면에 최선의 길은 경사로가 아닌 계단이다. 한 계단 한 계단 꾸준히 오르면 언젠가는 정상에 다다를 수가 있다. 최고가 되기 위해서는 남을 이겨야 한다. 하지만 최선을 다하는 것은 자기를 이겨내야만 한다. 남을 이기면 일등이 되고 나를 이기면 일류가 된다. 더 나은 일을 하거나 더 높은 자리에 오르려 한 것이 아니라 더 나은 사람으로 성장하려고 노력하면 미래가 열린다. 또한 생각보다 훨씬 더 많은 것을 성취할 수 있다.

　남을 아는 것은 똑똑하다고 할 수 있다. 하지만 자기 자신을 아는 것이야말로 진정으로 지혜롭고 밝은 것이다. 남을 이기는 것은 힘이 세다고 할 수 있다. 하지만 자기 자신을 이기는 것이야말로 진정으로 강한 것이다. 명성은 밖에서 주어지는 것이다. 하지만 인격은 내 안에서 스스로 만들어 가는 것이다. 다른 한편으로 얼굴에 나타나는 것은 성격이고 체형에 나타나는 것은 생활이며, 태도에 나타나는 것은 본심이고 음성에 나타나는 것은 감정임을 잊지 말아야 한다.

우리는 모두 원석 상태의 다이아몬드와 같은 존재이다. 우리가 스스로를 갈고 다듬을수록 더 빛나고 매력적인 사람이 되기 때문이다.

좋은 음식을 적게 먹고 일찍 자고 운동하며, 배움을 멈추지 말고 좋은 사람을 만나고 새로운 생각을 떠올리면서 매일 자신이 찾아낼 수 있는 최대한의 즐거움을 찾아내어야 한다. 검소하게 차려 입고 자신에게 걸맞는 정직한 친구를 사귀고, 정신을 풍요롭게 만드는 책을 읽고 좋은 환경을 만들면서 상식을 실행에 옮기자.

사람의 됨됨이는 어려울 때 나타나고 그때에 제대로 알아볼 수 있다.

'난' 사람은 뛰어난 사람이다.

'든' 사람은 지식이 많은 사람이다.

'된' 사람은 품성이 좋은 사람이다.

대부분의 사람들에게 실력이 출중한 '잘난 놈', 뛰어난 리더십과 호소력을 지닌 '센 놈', 건강하고 올바른 인성을 가진 '된 놈' 가운데에서 한 사람을 고르라고 하면 주저하지 않고 '된 놈'을 택할 것이다. '된 사람'이 되어야 끈기 있는 노력으로 '잘난 사람'이 될 것이고 그래야 결국 가장 '센 사람'이 될 것이기 때문이다.

"머리 좋은 것이 마음 좋은 것만 못하고 마음 좋은 것은 손 좋은 것만 못하며, 손 좋은 것은 발 좋은 것만 못하다. 관찰보다는 애정이, 애정보다는 실천적 연대가, 실천적 연대보다는 입장의 동일함이 더욱 중요하다. 입장의 동일함 그것은 관계의 최고의 형태다."

신영복 성공회대 교수가 『감옥으로부터의 사색』에서 한 말이다.

그러므로 난 사람보다는 된 사람이 되어야 한다. 할 수 있고 꿈 꿀 수 있는 것이라면 뭐든지 바로 지금 시작해야 한다. 오직 그대의 활동만이 그대의 가치를 결정하기 때문이다.

꿈꾸어라. 그러면 이룰 것이다.

상상하라. 그러면 얻을 것이다.

젊은이들이여, 그대의 머리로 사색하고 그대의 손으로 탐구하고 그대의 발로 우뚝 서라.

Golden Rules ●

자신의 일을 열심히 하라. 배움을 얻을 것이다.

근면하고 검소하게 생활하라. 부자가 될 것이다.

술을 삼가고 절제하라. 건강해질 것이다.

모든 면에서 덕을 쌓아라. 행복해질 것이다.

그렇게 행동하라.

그러면 적어도 그런 결과를 얻을 확률이 가장 높을 것이다 : 벤저민 플랭클린

MEMO

MEMO

MEMO